Roberts Liardon

Zerbrich die Macht der Kontrolle

Roberts Liardon

Zerbrich die Macht der Kontrolle

JESUS!GemeindeVerlag Rinteln

Originally published in English under the title

Breaking Controlling Powers
by Roberts Liardon

published by
Embassy Publishing
P.O.Box 3500
Laguna Hills CA 92654, USA

JESUS!GemeindeVerlag
Bäckerstraße 53
D-31737 Rinteln
Tel. 0 57 51 / 4 61 31
Fax 0 57 51 / 4 47 36

ISBN 3–930764–01–6
1. Auflage, Oktober 1995
Übersetzung: Doris Altvater
Druck: Graphischer Großbetrieb Pößneck GmbH

Die Bibelzitate wurden in der Regel der revidierten Elberfelder Bibel,
R. BROCKHAUS VERLAG Wuppertal und Zürich, entnommen.

Inhalt

Kapitel 1

Was ist Kontrolle?

Jedesmal wenn eine alte Bewegung des Heiligen Geistes in eine neue Welle der Herrlichkeit Gottes übergeht, scheint Kontrolle zum Problem zu werden. Das erleben wir auch heute. Die Macht der Kontrolle wirkt sich auf alle Kreise der Christenheit aus. Der Mißbrauch von Kontrolle hält Menschen in unnötiger Gebundenheit und hindert sie an der Erfüllung der Absicht Gottes in ihrem Leben.

Es gibt eine *natürliche Kontrolle,* die Menschen über andere ausüben können, und es gibt eine *Selbstbeherrschung,* die von dem einzelnen selbst innerlich geübt werden muß. Aber es gibt auch eine *dämonische Kontrolle,* die von einer Person über eine andere ausgeübt werden kann.

Während dieses Buch sich mit dem Mißbrauch von Kontrolle auseinandersetzen wird, werden wir auch die positive Seite von Kontrolle, die man „Hingabe" nennt, untersuchen. Diese von Gott gegebene Autorität ist auf einen jeden gelegt worden, der daran hingegeben ist, den Plan Gottes auf der Erde zu erfüllen, und der von Gott – nicht von Menschen – persönliche Sicherheit und Förderung erwartet.

Wir alle müssen Selbstbeherrschung üben, um uns von Sünde frei zu halten. Diese Kontrolle üben wir aus, indem wir das Wort Gottes auf unser Leben anwenden. Das Wort ist die Balance, und wir alle müssen Disziplin bei unseren täglichen Erfahrungen einsetzen. Aber Menschen, die Kontrolle mißbrauchen, trachten danach, der entscheidende Faktor im Leben anderer zu werden.

Solche Menschen ersetzen das Wort Gottes als Balance im Leben derer, die sie dominieren; sie reagieren negativ, wenn sie nicht der Dreh- und Angelpunkt bei allen Entscheidungen sind.

Wir müssen uns klar darüber scin, daß das, was im geistlichen Bereich geschieht, sich im natürlichen widerspiegelt. In der heutigen Welt spielt sich ein starker Machtkampf um die Herrschaft in den Gedanken der Menschen ab. Es ist der Kampf zwischen den Kräften des Lichts (Christentum) und den Kräften der Finsternis (satanische Mächte).

Obgleich der Kommunismus immer mehr an Einfluß verliert, haben die Menschen in dieser Welt enorm durch ihn gelitten und zwar durch die gottlose natürliche Kontrolle, die durch die kommunistische Machtherrschaft ausgeübt wurde. Solche totalitären Regierungen beherrschen Menschen durch Angst, Unwissenheit und Armut, indem sie ihre Kenntnis über die Außenwelt beschränken und ihre Meinungs- und Religionsfreiheit beschneiden.

Ich bin in ungefähr 40 Nationen der Welt gereist, einschließlich einiger, die unter kommunistischer Regierung gewesen oder immer noch kommunistisch beeinflußt sind – so schreibe ich dies aus eigener Kenntnis der Bedingungen, die nicht nur in der Gemeinde, sondern auch in der Gesellschaft allgemein bestehen.

In kommunistischen Staaten habe ich hinten auf Lastwagen gelegen, während scharfe Kugeln über meinen Kopf hagelten. In diesen Nationen wurden Menschen wegen ihres Wunsches nach politischer, wirtschaftlicher und religiöser Freiheit umgebracht. Ich habe gesehen, wie sie um Brot Schlange standen, und habe gehört, wie Christen in Untergrundgemeinden die Qual ihres Lebens äußerten.

Wie dem auch sei, Menschen, die in freien Gesellschaftsordnungen leben, sind nicht immun gegen Machtmißbrauch. Diese Kontrolle kann von wohlmeinenden Eltern, Ehepartnern, Freunden, Gläubigern, geistlichen Leitern, ja sogar von Kindern ausgehen. Die Absicht dieses Buches ist, Christen zur Erkenntnis des Kernproblems mißbrauchender Kontrolle und zum Verständnis jener negativen Aktionen und Reaktionen zu verhelfen, damit sie selbst befreit werden und denjenigen effektiv dienen können, die noch in Gebundenheit sind.

Auch ist es wichtig, die positive Seite von Kontrolle zu erkennen und zu verstehen. Wir müssen zwischen mißbrauchender und positiver Kontrolle genau unterscheiden lernen, damit wir uns von Gott gegebener Autorität unterstellen und so zu völliger Reife im Leib Christi heranwachsen können.

Kapitel 2

Mißbrauchende Kontrolle

Manchmal ist es notwendig, die negative Seite einer Sache freizulegen, zu offenbaren und zu verstehen, um die positive Seite richtig beurteilen zu können. Wenn man lernt, im geistlichen Bereich tätig zu sein, lernt man üblicherweise die korrekten Anwendungsmethoden dadurch, daß man erprobt und Fehler macht. Wenn wir einen Fehler machen, berichtigen wir ihn, treffen die richtige Entscheidung und machen weiter.

Das Problem genau zu bestimmen, ist wichtig; denn das hilft, die Lösung festzulegen. Auch auf den Bereich des Kontrollmißbrauchs trifft das zu.

Kontrolle kommt nicht von Fremden. Der Teufel benutzt den Bettler auf der Straße nicht dazu, das Leben eines einzelnen Christen oder der Gemeinde Jesu Christi zu beherrschen. Begreife bitte dieses Prinzip.

Wenn ein Fremder in dein Haus spazierte oder in der Gemeinde den Gang entlang käme und bekanntgäbe, daß er mit der Absicht gekommen sei, die Leitung zu übernehmen, würdest du ihn hinauswerfen. Aber wenn jemand, den du kennst und dem du vertraust, mit der gleichen Absicht auftreten sollte, wärst du nicht so schnell dabei, ihn zu vertreiben, weil du ihn persönlich respektierst.

An irgendeinem Punkt in der Zukunft mögen einige Menschen, die du jetzt respektierst, sich entscheiden, dem Herrn nicht weiter zu folgen. Wenn du selbst nicht sicher im Herrn bist, wird diese Situation in deinem Leben, deinem Schicksal und deiner Gemeinde ein großes Problem verursachen. Du mußt die Quelle deines Seins in Gott finden und imstande sein, im Geist genau zu unterscheiden.

Definition von mißbrauchender Kontrolle

Laßt uns diese Studie mit der Beantwortung folgender Frage beginnen: Was ist mißbrauchende Kontrolle?

Mißbrauchende Kontrolle kann definiert werden als „ein Versuch, einen anderen Menschen zu dominieren, um die eigenen Wünsche zu erfüllen und die eigene persönliche Sicherheit zu vergrößern".

Jemand, der Kontrolle mißbraucht, sieht oder erwägt die Belange dessen, den er kontrolliert und dominiert, nicht.

Der *mißbräuchlich Kontrollierende* kann ein Kind, ein Erwachsener, Ehepartner, ein Bruder oder eine Schwester, ein Eltern- oder Großelternteil sein, ein Angestellter, ein Student, ein Gemeindeglied, ein Leiter oder ein bester Freund sein. Das Ziel des Kontrollierenden ist, zu überleben – um jeden Preis.

Merkmale des Kontrollmißbrauchers

Einer, der Kontrolle mißbraucht, ist *unsicher.* Obgleich ein solcher Mensch alles mit Leichtigkeit und Zuversicht zu handhaben scheint, ist er innerlich ängstlich, eingeschüchtert und unausgefüllt.

Angst vor Ablehnung ist die treibende Kraft hinter seinen Aktionen des Machtmißbrauchs. Obwohl er ein Mensch zu sein scheint, auf den man sich verlassen kann, ist er der Abhängige. Manipulation anderer ist wichtig für ihn, um sich gebraucht zu fühlen; denn das ist seine Sicherheit.

Wenn wir unsere Sicherheit auf etwas oder jemand anderen als Gott und Gott allein setzen, öffnen wir uns für Ablehnung, Niederlage und Verzweiflung. Es stimmt, daß wir die Hilfe anderer brauchen, um ermutigt und geschärft zu werden, aber abhängig sollten wir nur von Gott, nicht von Menschen sein. Wir sollten unser Leben niemals auf die *Meinungen* anderer um uns herum gründen. Wir müssen die *Worte von Menschen* mit *Gottes Worten* vergleichen und der Führung und Richtungsweisung des Herrn folgen.

Ein Kontrollmißbraucher ist *besessen vom Beaufsichtigen des Benehmens anderer*. Seine ganze Aufmerksamkeit gilt jemand oder etwas anderem und nicht sich selbst. Er kann für sein eigenes Leben weder die Richtung definieren noch den Plan beschreiben, weil er so mit der Person beschäftigt ist, die er kontrolliert. Sooft unsere Sicherheit in etwas oder jemand anderem als Gott liegt, werden wir scheitern.

Ein Machtmißbraucher *erstickt die schöpferische Regung des Heiligen Geistes in der Person unter seiner Macht*. Weil er von Angst gebunden ist, behindert er die Fähigkeit anderer, sie selbst zu sein. Viele solcher „Kontrolleure" haben ein echtes Verlangen danach, die Bewegung Gottes genau und erfolgreich wirken zu sehen. Aber bei dem Versuch, diese Bewegung zu fördern, können sie religiös werden und die wahre Berufung und die Gaben jener um sie herum und unter ihnen dämpfen. Für gewöhnlich meiden sie den offenen Ausdruck von Gefühlen oder direkte, ehrliche Kommunikation.

Wegen der Furcht vor Ablehnung hat der Kontrollmißbrauchende ein *selbstsüchtiges Wesen.* Er stellt leicht Forderungen und drückt sie oft rücksichtslos aus.

Er hat wenig *Selbstwertgefühl.* Er hat sich vom eigenen Problem in sich abgewandt und seine ganze Aufmerksamkeit auf die Probleme anderer gerichtet. Genährt von dem Gefühl persönlicher Ablehnung, gründet sein Leben folglich darauf, was er durch eigene Werke zustandebringen kann. Er sieht diejenigen um sich her als das an, was er bewerkstelligt hat. Wenn sie versagen, empfindet er das so, als hätte er selbst versagt.

Versteh' bitte, daß Ablehnung nichts mit Selbstwert zu tun hat. Ablehnung ist ein starker dämonischer Geist in der Welt. Ob wir von anderen angenommen oder abgelehnt werden, hat nichts mit unserem Wert als Kinder Gottes zu tun.

Die Natur mißbrauchender Kontrolle

Machtmißbrauch ist eine *Illusion.* Er ist ein eingebildetes, vom Teufel angewandtes Gefühl der Macht, um die zu betrügen, die ihn anwenden. Niemand kann das Leben und die Empfindungen anderer beherrschen. Gott selbst gab dem Menschen einen freien Willen, und Er wird unsere Gabe der Wahl und Entscheidung nicht verletzen. Die einzige Person, die man verändern und beherrschen kann, ist man selbst. Gott ist kein Gott der Illusion oder Phantasie; Er ist der Gott der Wirklichkeit.

Mißbrauchende Kontrolle wirkt *untergrabend* und oft *heimlich.* Sie wird begleitet von unnatürlicher Anhänglichkeit, und jede Beziehung, die davon berührt wird, zerbröckelt zum Untergang.

Und schließlich ist Machtmißbrauch gekennzeichnet von *Manipulation* – dem Hauptwerkzeug des Kontrolleurs, das er benutzt, um andere an sich gebunden zu halten. In den nächsten beiden Kapiteln wollen wir die Hauptbereiche von mißbrauchender Kontrolle diskutieren: emotionale und geistliche Manipulation.

Kapitel 3

Emotionale Manipulation

Unabhängig davon, wie man mißbrauchende Kontrolle beurteilt, ihr Ursprung ist stets ein reaktionärer Prozeß. Jemand, der Macht mißbraucht, wird entweder *über-* oder *unterreagieren* – je nachdem, was es braucht, um das Opfer in Schach zu halten. Das ist so, weil der Kontrollierer seine Erfüllung im *seelischen Bereich* findet.

Der seelische Bereich produziert ein falsches Gefühl der Sicherheit und gibt so dem Werk dämonischer Geister Boden. Statt seinen rechtmäßigen Platz der Hingabe und Sicherheit in Jesus Christus zu finden und auszufüllen, versucht ein Kontrolleur durch die Anwendung von persönlicher Dominanz und übertriebenem Respekt sich und andere zu verhätscheln.

Arten von emotionaler Manipulation

Die Hauptmethode eines Kontrollmißbrauchers ist *emotionale Manipulation.* Tränen und Hilflosigkeit, Wut, Drohungen und Schweigen sind vorrangige Instrumente emotionaler Manipulation. Schweigen, das eine Form von Ablehnung ist, ist ein besonders machtvolles emotionales Werkzeug.

Viele Leute werden von ihren eigenen Emotionen kontrolliert, weil sie ihre Entscheidungen primär aufgrund von *Gefühlen* treffen. Und genau darum treffen sie so viele falsche Entscheidungen!

Tatsächlich ist es der Fehler vieler Christen, daß sie lieber nach ihren Gefühlen entscheiden, als der Leitung des Heiligen Geistes zu folgen. Sicherheit in Jesus zu finden, wird der entscheidende Faktor zwischen den Gefühlen und der genauen Anweisung des Heiligen Geistes sein.

Dies ist der Hauptgrund, warum viele junge Leute schließlich den verkehrten Ehepartner wählen, was ins Unglück und oft zur Scheidung führt.

Das ist der Grund, warum manche Karrieremenschen falsche geschäftliche Entscheidungen treffen und zuletzt ihren ganzen Besitz verlieren.

Das ist der Grund, warum manch ein Diener Gottes die falsche Kanzel ausfüllt. (Nur weil eine Versammlung nett zu einem Geistlichen ist, heißt das nicht, daß er berufen ist, ihr Pastor zu werden!)

Tränen und Hilflosigkeit

Ein klassisches Beispiel von emotionaler Manipulation fängt an, wenn beide Elternpaare möchten, daß das seit kurzem verheiratete Paar Weihnachten bei ihnen verbringt.

Es beginnt scheinbar harmlos, wenn die Braut ihrer Mutter gegenüber erwähnt, „Ich denke, wir werden zu Weihnachten zu John's Eltern gehen." Die Mutter fängt an zu weinen und zu klagen, „Du liebst uns nicht mehr, sonst würdest du an den Feiertagen zu uns kommen!"

Diese negative Reaktion bringt die Tochter in einen Konflikt der Gefühle. Sie zaudert und willigt zuletzt ein, ihre Pläne zu ändern. Aber wenn der Bräutigam seine Mutter mit dieser Nachricht anruft, ist die ebenso bestürzt und unzugänglich. „Aber wir haben doch alles geplant!", jammert sie, „Wir können das jetzt unmöglich noch ändern!"

Viele Menschen werden von derartigen Gefühlsäußerungen beherrscht. Das passiert nicht nur Jungverheirateten, sondern Menschen in jeder Phase des Lebens.

Oftmals, wenn jemand nicht mit der kontrollierenden Person übereinstimmt, fängt diese an zu wimmern, „Du liebst mich nicht." oder „Du willst mich nicht mehr hier haben."

Nicht alle, die Kontrolle mißbrauchen, regieren mit eiserner Hand. Manche kleiden sich in Süße und Sanftheit. Besonders diese Kontrolleure sind tödlich. Wenn sie keine Träne anbringen können, ziehen sie sich manchmal auf Hilflosigkeit zurück. Die Absicht ist, in ihrem Opfer ein überwältigendes Verantwortungsgefühl ihnen und ihrem Leben gegenüber zu wecken.

Solche Kontrolle ausübenden Menschen wissen auf den Saiten von Schuld und Mitleid zu spielen. Sie kontrollieren durch ihre angebliche Krankheit, Schwäche und Aufopferung. Obgleich ihre Leiden und Schwächen manchmal legitim sind, werden sie doch oftmals erdichtet oder zumindest übertrieben. Diese Menschen geben ihren Opfern das Gefühl, daß die ganze Welt für sie zusammenbricht, wenn sie sie nicht streicheln.

Weißt du, was du tun mußt, wenn du merkst, daß du von diesem Typ mißbrauchender Kontrolle ausgebeutet wirst? Sei sanft, aber fest. Laß die Person wissen, daß du nicht gewillt bist, dich emotional manipulieren zu lassen.

Wenn jemand dich dazu bringt, daß du dich verpflichtet fühlst, deine längst festgelegten Pläne zu ändern, nur damit sie zu seinen egoistischen Wünschen passen, sag zu der Person: „Meine Gefühle für dich haben nichts mit den Umständen zu tun. Es tut mir leid, daß du dich aufregst, aber so ist es nun mal."

Wenn du von einem Sympathie-Suchenden Ausbeuter mißbraucht wirst, sag ihm: „Ich mag es nicht, wenn du dich so aufführst. Du irrst dich in dem Punkt meiner Verantwortung."

Manchmal mußt du grob werden und sagen: „Ich muß nicht mit dir in diesem Bereich übereinstimmen und mich von deiner Haltung manipulieren lassen."

Lauf nicht in die Falle emotionaler Manipulation, indem du denkst, daß etwas mit dir nicht in Ordnung ist. Prüf dich am Wort Gottes. Hast du Frieden in dir, dann wisse, daß der Gefühlsausbruch des anderen ein Anzeichen seines *Problems* oder *gegenwärtigen Zustandes* ist und kein Tadel für dich.

Zorn

Wenn eine Vorstellung von Tränen und Hilflosigkeit nichts bewirkt, zieht sich die kontrollierende Person oft auf Zorn zurück – und die meisten Menschen wissen nicht, wie sie mit einem, der zornig ist, umgehen sollen.

Weißt du, was man mit einer zornigen Person macht? Bleib einfach ruhig. Reagiere nicht. Durch deine Überreaktion könnte eine ganze Kette von negativen Ereignissen ausgelöst werden. Tu nichts, was ungehöriges Benehmen provozieren oder rechtfertigen könnte.

Sieh den Zornigen einfach nur an, stell die Wahrheit sanft und ruhig fest und weigere dich, negativ zu reagieren! Indem du das tust, begibst du dich selbst außerhalb der Macht dieser Art der mißbrauchenden Kontrolle.

Lerne, aufzuhören mit Reaktionen, die unnötig sind und nicht funktionieren. Manchmal ist es gut, einen Zornigen mit seiner Wut allein zu lassen.

Ein zorniger Mensch weiß möglicherweise nicht, was er in der Situation tun soll. Er schlägt vielleicht gegen die Wand oder stößt einen Stuhl um. Falls er das tut, wenn du ins Zimmer zurückkommst, sag ihm einfach: „Warum boxt du ein Loch in meine Wand? Benimmt sich ein Erwachsener so?"

Verstehe: Wenn du einen Kontrollmißbraucher entwaffnest, kommen extreme Emotionen hoch. Zorn wird die Atmosphäre bestimmen und, wenn du nicht auf der Hut bist, auch deine Gedanken. Zornige Worte hageln dir in den Sinn wie Maschinengewehrkugeln, um dich davon abzuhalten, dich ordentlich zu verteidigen.

Behalte eine klare und präzise Perspektive. Wenn du dich entscheidest, verantwortlich zu leben, müssen andere das auch.

Drohungen

Worte des Versagens, der Niederlage, unnatürlicher Verpflichtung, der Schuld, der Kritik und der Einschüchterung folgen oftmals. Alle diese Drohungen werden erprobt, um das Leben eines Menschen zu kontrollieren. Sie sind erdacht, um mit Angst zu lähmen und die Ergebnisse zu erbringen, nach denen der Kontrollmißbraucher strebt.

Die Bibel hat viel über die Macht von Worten zu sagen:

> **„Tod und Leben sind in der Gewalt der Zunge, und wer sie liebt, wird ihre Frucht essen."** (Spr 18:21)

Die Schrift bezeichnet Worte als „Schwerter" (Ps 59:8; Hebr 4:12; Offb 1:16; 19:15). Die in unser Leben negativ gesprochenen Worte werden widrige Auswirkungen haben, wenn wir sie annehmen und nach ihnen leben.

Die Amplified Bible-Version von Psalm 55:21 sagt:

„Die Worte seines Mundes waren glatter als Sahne oder Butter, aber Krieg war in seinem Herzen; seine Worte waren glatter als Öl, dennoch waren sie gezogene Schwerter."

Wiederum interpretiert die Amplified Bible Psalm 59:8 so:

„Siehe, sie rülpsen (Beleidigungen) aus mit ihrem Mund; Schwerter (von Sarkasmus, Spott, Verleumdung und Lügen) sind in ihren Lippen; denn wer, denken sie, hört uns?"

Genauso wie ein Schwert oder ein Pfeil auf dem Schlachtfeld das Herz durchbohrt, so sind negative Worte dazu vorgesehen, das Herz des Hörenden zu durchbohren. Wenn Worte negativ und mißbräuchlich gesprochen werden, verwunden und schmerzen sie tief, wenn sie nicht entfernt werden. Niemand kann negative Worte in seinem Herzen tragen und trotzdem den Plan und Zweck Gottes für sein Leben erfüllen, ebensowenig wie er ein Leben lang mit einem Schwert oder Pfeil in der Brust herumlaufen kann!

Hier ist ein Beispiel von Drohworten. Nimm an, du teilst in der völligen Gewißheit, daß Gott dich berufen hat, mit, daß du die Heimat und deine Lieben verläßt, um Ihm an einem weit entfernten Ort zu dienen. Ein Kontrollierer wird antworten: „Du wirst es dort nie schaffen." oder „Wahrscheinlich stirbst du dort." Manchmal bedroht er eure Beziehung mit der Antwort: „Wenn du gehst, komm′ bloß nicht auf den Gedanken, dich nochmal bei mir zu melden." oder „Wenn du gehst, bist du in diesem Hause nicht mehr willkommen." Sogar finanzielle Drohungen werden angewandt: „Wenn du gehst, werde ich dir kein Geld mehr schicken." oder „...du wirst pleite gehen und verhungern."

Solche Worte sind Angriffe gegen dich. Worte des Versagens und der Niederlage beherrschen das Leben vieler Menschen, ohne daß sie sich dessen überhaupt bewußt sind.

Wie „ziehst" du diese negativen, mißbrauchten Worte wieder aus deinem Herzen heraus? Indem du zum Gegenangriff mit Gottes Wort übergehst. Die erste Hälfte von Hebräer 4:12 (Amp.) sagt uns:

„Denn das Wort, das Gott spricht, ist lebendig und voller Kraft – die es aktiv, wirksam, kräftigend und effektiv macht; es ist schärfer als jedes zweischneidige Schwert..."

Sprich das Wort Gottes über dich selbst. Die Schrift sagt, daß das Wort Gottes schärfer als jedes andere „Schwert" ist. Das richtige Wort wird Wunden von mißbrauchten Worten beruhigen und heilen. Negative Worte können dein Leben nur beeinflussen, wenn du es zuläßt.

Schweigen

Wenn Tränen, Zorn und Drohungen nichts nützen, wird die kontrollierende Person versuchen, Schweigen als Waffe einzusetzen. Sie schließt ihr Opfer durch Ignorieren aus und hält es im Ungewissen darüber, was sie denkt und wie sie sich fühlt.

Wer im Geist schwach ist, kann mit solch einer Behandlung nicht umgehen. Darum werden schwache Menschen so leicht kontrolliert.

Was solltest du tun, wenn jemand versucht, dich durch Anwendung von Schweigen zu kontrollieren? Nichts! Laß ihn schweigen! Mach' du mit deinen Angelegenheiten und deinem Leben weiter.

Laß nicht Schweigen deine Aktivitäten kontrollieren und dich nervös machen. Gerate nicht in Aufruhr durch etwas, was jemand anderes tut oder läßt. Entscheide dich, in Freude und Zufriedenheit zu leben.

Manchmal nimmt in einer Gemeinde ein Ältester oder Diakon Zuflucht zu dieser Art von Manipulation gegen den Gemeindeleiter. Wenn das geschieht, sollte der Gemeindeleiter diese Tatsache konfrontieren. Wenn der Kontrollierende nicht reagiert, umkehrt und sich ändert, sollte der Pastor ihn aus dem Amt entfernen, bis er nachweislich geistliches Wachstum und Reife zeigt.

Vermeide Abhängigkeit von jemand anderem

Sei nicht übermäßig abhängig von anderen. Erwarte nicht von anderen, daß sie für dich beten und Antworten vom Himmel für dich bekommen, egal, für wie geistlich du sie hältst oder wie richtig sie in der Vergangenheit lagen. Göttlicher Rat ist gut, aber wenn du dein Leben und deine Zukunft nach dem Wort anderer ausrichtest, setzt du dich Kontrolle und Elend aus.

Du mußt selbst von Gott hören und es dann unter dem göttlichen Rat bewährter Menschen *reifen* lassen. Gott hat einen Plan für dein Leben. Er kann diesen Plan durch andere *zur Reife bringen,* aber Er wird dich nicht durch sie *leiten.*

Furcht macht dich von einem anderen Menschen abhängig. Die Bibel sagt, daß der Heilige Geist dein Führer ist. Er leitet dich von innen her.

Wenn du ein abhängiger Mensch bist, kannst du normale Gemeinschaft mit anderen nicht genießen, weil deine Freude, dein Glück und deine Gedanken von ihnen kommen – nicht aus deinem eigenen Ich.

Kapitel 4

Geistliche Manipulation

Bei der Auseinandersetzung mit geistlicher Kontrolle muß festgestellt werden, daß in diesem Bereich die geistliche Manipulation bei weitem am gefährlichsten ist, und zwar für beide, den Kontrollierer und den Kontrollierten, weil sie mit den geistlichen Prinzipien des Himmels gekoppelt ist.

Ebenso wie emotionale Manipulation, geschieht auch geistliche Manipulation auf der Basis des Seelischen. Sie hat *nichts* mit dem *echten geistlichen Bereich* zu tun. Sie ist *seelisches Manövrieren*, doch benutzt sie ein geistliches Prinzip als Hauptwerkzeug.

Erinnern wir uns der Eigenschaften eines Kontrollmißbrauchers, so erkennen wir viele Gründe, warum ein solcher Mensch auf geistliche Manipulation zurückgreift.

Wenn jemand einen anderen nicht durch Emotionen beherrschen kann, wird er sich auf „eine höhere Macht" – eine Form geistlicher Manipulation – beziehen, um sein Opfer unterwürfig zu halten.

Geistliche Manipulatoren sind diejenigen, die in bestimmten Bereichen noch keinen göttlichen Charakter entwickelt haben. Sie sind mehr von ihrer Lust oder dem Verlangen nach Kontrolle geleitet als vom Geist Gottes.

In Timotheus 3:2.6 lesen wir diese Worte:

„Der Aufseher nun muß untadelig sein..."
„...nicht ein Neubekehrter, *damit er nicht, aufgebläht,* dem Gericht des Teufels verfalle."

Einer der Gründe, warum der Apostel Paulus diesen Abschnitt schrieb, war, Timotheus zu warnen, daß ein junger, unerfahrener Bekehrter sich Verantwortlichkeiten der geistlichen Leiterschaft nicht anmaßen darf. Paulus kannte die Gefahr, Leute, die geistlich noch nicht reif sind, zu schnell zu befördern. Solche Menschen fallen oftmals der Versuchung des Stolzes zum Opfer. Sie haben die Tendenz, sich „aufzublasen", wenn ihnen eine hohe Position in der Gemeinde gegeben wird. Statt dem Leib Christi demütig zu dienen, werden sie fromm und manipulativ.

Dann gibt es diejenigen, denen Gott wirklich eine besondere Salbung oder Gabe verliehen hat. Wiederum: Wenn sie noch nicht zur völligen Reife gekommen sind, fühlen diese Menschen sich oft als Teil einer Elite und verbreiten ein Flair von Überlegenheit um sich. Sie sehen herab auf die anderen, die sie für „weniger geistlich" halten als sich selbst; und oft benutzen oder mißbrauchen sie diejenigen, die ihrer Autorität unterstellt sind, statt sie zu lieben und sich um sie zu kümmern.

Diese Menschen erkennen nicht, daß ein starker, göttlicher Charakter ihrer Gabe oder Salbung hilft, sie in ihrem vollen Potential und lebenslang zu betätigen. Wer nicht darauf achtet, einen starken Charakter zu entwickeln, kann verlieren, was ihm als Gabe oder Salbung gegeben ist.

Gott hat keine „Superstars"; Er hat nur Diener. Wenn ein Diener seine Arbeit tut, wird Gott ihn befördern. Egal, wie groß sein Name wird, ein echter Diener hat immer noch das Verlangen, den Nöten der Menschen unter seiner Verantwortung zu begegnen und ihnen zu helfen, wenn sie in Schwierigkeiten sind. Dafür ist eine Dienstgabe da. Ein wirklicher Diener muß achtsam sein, daß er nicht seine von Gott gegebene Autorität benutzt, um über andere zu „herrschen".

Gott ist ein persönlicher Gott, der individuell zu den Herzen der Menschen spricht. Gläubige in Leiterschaftspositionen müssen besonders darauf achten, exakt das zu sagen, was der Herr ihnen aufträgt – nicht mehr und nicht weniger! Leiter tragen Verantwortung und müssen sicherstellen, daß, wenn sie sagen, daß etwas von Gott ist, daß es dann auch wirklich so ist. Das tun sie, indem sie Zeit im Gebet verbringen, in der Schrift forschen und rechtzeitig göttlichen Rat suchen.

Kontrolle durch die „Supergeistlichen"

Das fehlt nie: In jeder Gemeinde gibt es Glieder, die denken, jedermann müßte ihnen gehorchen, weil sie am längsten dabei sind oder weil sie am geistlichsten sind. Entweder trachten diese Leute danach, die Leiterschaft bei jeder zu treffenden Entscheidung zu dominieren, oder sie geben ihren Rat für alle persönlichen Belange unter den Mitgliedern.

Gründe dein Leben nicht auf den Meinungen anderer, besonders wenn sie nicht von Gott zur Leiterschaft berufen sind. Miß jede Äußerung, die du hörst, am Wort Gottes. Gemäß Römer 8:16 erkennen wir die Stimme Gottes durch unser inneres Zeugnis, nicht durch seelische Gefühle oder Ansichten anderer.

Diese „supergeistlichen" Menschen schauen nach solchen aus, an denen sie geistliche Manipulation ausüben können. Wenn du eine geistliche Berufung auf deinem Leben hast, erkennen sie das und wollen dich für ihren „speziellen Dienst" aussondern. Oftmals sind solche „supergeistlichen" Menschen selbst unreif und nicht im rechten Zeitplan, und so werden sie dir „Worte vom Herrn" geben, die dich dem vollkommenen Plan Gottes vorausschubsen wollen. Wenn du stärker von Wünschen geleitet wirst als vom Geist Gottes, wirst du solchen Illusionen anheimfallen. Manche echte Berufung wurde abgetrieben wegen der „supergeistlichen" Kontrollmißbraucher.

Wie würgen diese Menschen Berufungen ab? Es gibt verschiedene Arten.

Eine ist, eine Bibelstudienreihe mit jemand anderem als dem Pastor als Leiter zu organisieren, weil „der Pastor nicht die *tiefen* Dinge des Geistes lehrt". Nicht nur wird das Schwierigkeiten entfesseln (besonders, wenn du die ausgewählte Person bist, die diese besondere „Bibelstudie" leiten soll); dieses Verhalten ist auch der Kern für eine Gemeindespaltung.

Fall' nicht auf diese geistliche Täuschung herein. Wenn es für dich an der Zeit ist, in geistliche Leiterschaft zu kommen, wird Gott dich auf das Feld stellen, oder Er wird den Gemeindeleiter motivieren, dich einzuladen, einen Teil des Leibes – unter seiner Aufsicht – zu leiten. Nimm die Zeit deines Trainings sehr ernst. Erlaube dir nicht, Gottes Zeitplan voraus von einem ehrgeizigen Kontrollierer angeschoben zu werden, der für deinen Erfolg die Ehre haben will.

Eine andere Art, wie mißbrauchende Kontrollierer Berufungen abwürgen, besteht darin, daß sie falsche „Worte vom Herrn" oder falsche „Visionen" ausgeben. Gewöhnlich sind solche Worte oder Visionen entweder extrem schlecht oder extrem günstig. Sie sind für denselben Zweck erdacht: Den Hörer zu früh (Gottes Plan voraus) zu drängen und letztlich den Ruf Gottes auf seinem Leben abzutöten.

Tatsache ist, daß Menschen, die solche Worte und Visionen ausgeben, nie eine Heimsuchung von Gott hatten. Hüte dich vor solchen selbsternannten „Propheten". Wenn es um deine persönliche Berufung geht, warum sollte Gott etwas mit jemand anderem besprechen, was Er dir nicht vorher mitgeteilt hat? Persönliche Prophetien und Visionen, die andere betreffen, müssen *Bestäti-*

gung für etwas sein, was derjenige in seinem Herzen schon weiß. Falls eine andere Person dein Leben völlig durch Prophetien und Visionen dirigieren kann, wirst du nie ein Leiter für Gott sein.

Das Wort Gottes spricht sehr stark gegen falsche Prophetien und Visionen. Der Prophet Jeremia sah zu seiner Zeit solch eine Situation und zerschlug den Betrug religiöser Kontrollierer (Jer 23).

Zusammenfassend sagte er ihnen: Ihr Leute prophezeit aus *euren eigenen Herzen.* Ihr sagt, ihr hättet das als eine Vision vom Herrn, was in Wirklichkeit nur in *euren eigenen Köpfen* war.

Ihr erzählt den Menschen, daß Friede sein wird, wenn in Wirklichkeit Krieg kommt. Und ihr versichert ihnen, daß es ihnen gutgehen wird, wenn sie doch tatsächlich der Selbstanbetung schuldig sind. Ihr prophezeit falsch! Ihr sprecht aus euren eigenen Herzen lieber als aus dem Herzen des Himmels. Zu euch sagt der Herr: „Ich bin gegen euch, und ihr werdet gerichtet werden."

Lauf nicht in die Falle, falsche „Worte" oder „Visionen" anzunehmen. Um ein Leiter zu sein, der Gott folgt, mußt du Gott selber kennen und Seinen Charakter ausüben, um Seinen Plan für dein Leben zu hören und Seinem vollkommenen Zeitplan zu folgen.

Der Teufel möchte deine Berufung zerstören und deinen Lebenszweck durchkreuzen. Sein Angriffsplan wird auf deinen Schwachstellen basieren. Er wird versuchen, den Plan so auszuführen, wie du es am wenigsten erwartest; und er wird Erfolg haben, es sei denn, du bist dem Geist Gottes gegenüber sensibel.

Eine letzte Art von Kontrollmißbrauchern, göttliche Berufungen abzutreiben, ist, sich sehr geistlich zu benehmen. Sie *handeln, als ob* sie geistliche Leute wären, aber in Wirklichkeit stammt ihre Kontrolle vom Teufel.

Kontrollierende Gebete

Eine weitere Variation geistlicher Manipulation ist *kontrollierendes Gebet.* Können Christen kontrollierende Gebete sprechen? Gewiß können sie das! Aber wenn Gebete mißbraucht werden, sind sie eine Form von Zauberei!

Wie wir in Kapitel 2 gesehen haben, nennt die Bibel unsere Worte „Schwerter", die Macht enthalten.

Denk' dran: *Worte sind geistliche Waffen.*

Ein *kontrollierendes Gebet* besteht aus Worten mit geistlicher Kraft dahinter, die ausgesprochen werden, um den Kurs des Lebens anderer zu beeinflussen. Die einzige Gelegenheit für ein kontrollierendes Gebet sollte sein, wenn ein Christ das Wort und den Geist Gottes anwendet, um gegen den Feind anzugehen. Jesus erläuterte diese Gebetsmethode im Binden und Lösen des Planes Gottes gegen den Willen des Teufels (Matth 16:19).

Ein Kontrollmißbraucher betet *seine eigenen menschlichen Wünsche oder seinen Willen für jemand anderen aus seinem eigenen menschlichen Herzen.* Er versucht, den anderen zu bewegen, seinem egoistischen Verlangen lieber zu gehorchen als dem Willen des Herrn für dessen Leben.

Die Person, die betet, versteht vielleicht oder auch nicht, daß sie im geistlichen Raum böse Einflüsse auslöst. Ein kontrollierendes Gebet ist schädlich und wird falsch angewandt, wenn es den *Willen* eines anderen Menschen verletzt oder dominiert. Dann wird es zu einer Form von Zauberei.

Mit anderen Worten: Durch Gebet löst ein Kontrollmißbraucher dämonische Einflüsse aus, um das natürliche Leben einer anderen Person zu seinem eigenen Vorteil zu beherrschen.

In Matthäus 12 hatte Jesus soeben einen Mann geheilt, der von einem blinden und stummen bösen Geist besetzt war. Die Menschen fingen an, untereinander zu murmeln, denn sie konnten das Wunder, dessen Zeugen sie geworden waren, nicht glauben. Als Erwiderung begann Jesus, sie über die Macht von Worten zu belehren. In Vers 37 (Ampl.) dieses Abschnitts sagte Er zu ihnen:

> **„Denn nach deinen Worten wirst du gerechtgesprochen und wird dir vergolten werden, und nach deinen Worten wirst du verdammt und verurteilt werden."**

Mit unseren Worten können wir segnen oder fluchen. Kontrollierende Gebete fallen unter die Kategorie des Fluchs, weil sie in dem Versuch, eigennützige, menschliche Wünsche zu befriedigen, gegen andere gesprochene Worte sind.

Ein Beispiel für kontrollierendes Gebet kann das einer Mutter sein, die das Mädchen, mit dem ein junger Mann sich trifft, nicht billigt. Sie möchte, daß er stattdessen ihre Tochter heiratet. So betet sie, daß die Romanze scheitert und daß er ihre Tochter zur Braut wählt.

Ich weiß von einem bestimmten Fall, der diesem sehr ähnlich ist. Eine Mutter betete und betete, daß ein jung verheiratetes Paar sich scheiden ließe, damit der Ehemann „Licht sehen" und ihre Tochter heiraten würde. Wegen der unablässigen *seelischen* Gebete dieser Mutter wurden *durch ihre Worte* Schwierigkeiten in diese Ehe gesandt. Schließlich wurde sich das Paar der Situation bewußt. Sie erhoben sich und brachen die Macht der gegen sie im geistlichen Raum gesprochenen Worte, und ihre Ehe blieb bestehen und wurde erfolgreich.

Seelische Gebete können in jeder Lebenslage vorkommen, wo menschliche Wünsche *über* den Willen Gottes gesetzt werden.

Eine der Schriftstellen, die am häufigsten *fehlzitiert* werden, ist Psalm 37:4, wo es heißt:

„...und habe deine Lust am Herrn, so wird er dir geben, was dein Herz begehrt."

Ich kann nicht mehr zählen, wieviele Male ich diesen Vers von Christen zitiert hörte, die ihr eigenes Begehren *über* den Willen Gottes für ihr Leben stellten – und dann erwarteten, daß diese selbstsüchtigen Wünsche erfüllt würden.

Bei der Untersuchung dieses Verses in seinem wahren Kontext sehen wir einen interessanten Aspekt, der völlig anders ist als die übliche Auslegung der meisten Gläubigen.

In der Strong-Konkordanz sehen wir, daß die Bedeutung des hebräischen, mit *„Lust"* übersetzten Wortes in dieser Passage *„weich und geschmeidig sein"* heißt.

Der Punkt, auf den der Psalmist hier Wert legt, wenn ein Mensch am Herrn seine „Lust" hat, ist: Er erlaubt Gott, sein Herz *umzugestalten,* es weich und geschmeidig für Seinen Willen und Seine Zwecke zu machen. Wenn wir uns wahrhaftig im Herrn erfreuen, dann ist unser Wille umgeformt, so daß es *Sein* Begehren ist, nachdem wir trachten, nicht *unser eigenes.*

Wenn wir voll und ganz unsere Lust an Gott haben, *müssen* unsere seelischen Wünsche *sich ändern,* und unser Herz wird mit Seinem Herzen vereint. Wenn wir an dem Punkt der Weichheit und Hingabe sind, lernen wir, Ihm völlig in jedem Lebensbereich zu vertrauen.

So spricht der Psalmist hier im Psalm 37:4 von einer vollständigen „Herztransplantation", bei welcher wir *unseren Willen* dem Herrn überlassen, nach *Seinem Willen trachten* und *Ihm vertrauen,* daß Er uns auf Seinem Weg leitet. Sein Verlangen wird unser Verlangen – und dann ist uns verheißen, daß wir die (göttlichen) Wünsche unseres Herzens haben sollen.

Geistliche Manipulatoren verdrehen Schriftstellen, um ihren kontrollierenden Gebeten Substanz zu geben. Sie haben in keiner Situation Gottes Herz. *Sie* wollen Gott sein und *ihre* Pläne durchsetzen. Geistliche Kontrollierer denken, sie wüßten, was für alle Beteiligten am besten ist. Da sie nicht Gottes Herz haben, können sie den Willen Gottes nicht erkennen.

Fürchte sie nicht

Obgleich seelische, kontrollierende Gebete uns Schwierigkeiten machen können, brauchen wir sie nicht zu fürchten oder ihretwegen paranoid zu werden. Wir müssen sie nur wahrnehmen. Sie können in einem Leben, das Gott *völlig* ausgeliefert ist, keinen Erfolg haben.

Gemäß dem Wort Gottes sind die einzigen Gebete, die effektiv sind, die *inbrünstigen Gebete.*

Es ist unmöglich, daß ein kontrollierendes Gebet wirklich inbrünstig sein kann. Das Wort *„inbrünstig"* bedeutet nicht „verzweifelt" und auch nicht „intensiv" oder „unablässig".

In Jakobus 5:16 (Luther) lesen wir:

„Des Gerechten Gebet vermag viel, wenn es ernstlich (=inbrünstig) **ist."**

Vor Jahren wies mich der Herr auf diesen Vers hin und ließ das Wort *„inbrünstig"* für mich aufleuchten. Ich fragte mich, was dieses „inbrünstig sein" bedeuten könnte.

Als ich anfing, den Vers zu studieren, kam ich zu Matthäus 12:25, was mir verstehen half, warum ein inbrünstiges Gebet sich bei Gott Geltung verschafft:

„Da er aber ihre Gedanken wußte, sprach er zu ihnen: Jedes Reich, das mit sich selbst entzweit ist, wird verwüstet; und jede Stadt oder jedes Haus, die mit sich selbst entzweit sind, werden nicht bestehen."

Wir als Einzelpersonen sind ein „Reich", bestehend aus drei Teilen: Geist, Seele und Leib. Deshalb bist du nicht *nur* ein Verstand oder ein Verlangen; du bist ein *Geist*, der einen *Verstand* besitzt und in einem *Körper* lebt.

Dein Verstand und dein Körper sind also notwendige „Ausrüstungsstücke", damit dein Geist die Absicht Gottes auf Erden ausführen kann.

Wenn du die dir gegebene „Ausrüstung" nicht richtig verstehst, kannst du nicht effektiv beten.

Beim Beten spricht Gott nicht zu einem Teil deiner „Ausrüstung" – dem Verstand! Der Herr spricht dein Herz an – deinen geistlichen Menschen – das wahre Du. Die Pläne des Himmels kommen durch deinen Geist zu dir. So will Gott mit dir kommunizieren. Dein Verstand mag ein paar Sekunden später bemerken und interpretieren können, was dein Geist empfangen hat. Darum weiß dein Geist manchmal etwas, aber du kannst es nicht in Worte fassen, weil dein Verstand es noch nicht begriffen hat.

Wenn die drei Teile deines „Reiches" uneinig sind, bist du nicht fähig, effektiv zu beten und wirst versagen. Wenn dein Geist nicht die Leitung hat, bist du in dir uneins.

Bei inbrünstigem Gebet gehen Geist, Seele und Leib zusammen in den Bereich des Gebets und der Anbetung.

Dein Geist, deine Seele und dein Körper sind eins, vereint zu dem Zweck, Gottes Plan zu erfüllen, Seinen Willen zu tun. Dein Geist ist die Quelle des Gebets und deine Seele (Wünsche, Gefühle, Vorstellungen, Erinnerungen) und dein Körper (Taten) wirken zusammen und sind ihm untertan.

Bei einem Menschen, der kontrollierend betet, sind diese drei Instanzen nicht in Harmonie miteinander. Egal, wie geistlich er sich verhält, wenn er lieber von seinen Wünschen ausgeht als aus seinem Geist betet, wird er keinen Erfolg haben. Geistliche Manipulatoren bewegen sich stark im seelischen Bereich; sie werden seelische Ergebnisse ernten.

Ein geistlicher Kontrollierer steht drei verschiedenen Richtungen gegenüber. Er kann den Weg des Leibes wählen oder den des Kopfes; doch normalerweise meidet er den Weg des Geistes, weil er etwas kostet – völlige Unterordnung des eigenen Willens unter den Willen Gottes.

Kontrollierende Gebete werden aus Sorge, Frustration und dem Fleisch geboren. Die Bibel stellt fest, daß, weil der Wunsch, aber nicht der Geist, Kern ihres Drängens ist, solche Gebete ein geteiltes Haus darstellen und versagen.

In Sprüche 26:2 wird uns gesagt:

„Wie der Sperling hin und her flattert, wie die Schwalbe wegfliegt, so ein unverdienter Fluch: er trifft nicht ein."

Wiederum sehen wir in der Strong-Konkordanz, daß das hebräische Wort, das mit *„grundlos"* oder „unverdient" übersetzt ist, „ohne Kosten" heißt.

Als starker Gläubiger brauchst du dich nicht um kontrollierende Gebete zu sorgen, wenn du Gottes Willen befolgst und Seine Absicht erfüllst, dich am Wort ausrichtest und einen göttlichen Charakter entwickelst. Die Bibel stellt fest, daß du „den Preis bezahlst", wenn dein Herz den Willen Gottes für dein Leben angenommen hat. Sprüche 26:2 besagt, daß kein Wort dich zerstören kann, das jemand gesprochen hat, der den „Preis nicht bezahlt" (die Kosten nicht getragen) hat, um Gott, Seine Wege und Seinen Charakter zu erkennen.

Du kannst als Gläubiger gegen jegliches seelische Gebet, das dich behindert, Oberhand haben. Bring' das Wort Gottes in deinem Leben zum Einsatz. Entwickle eine starke Empfindsamkeit für den Heiligen Geist und Seiner Wahl der Zeitpunkte in jedem Bereich. Überlaß dich göttlichem Charakter und kühner Rechtschaffenheit. Diese Prinzipien stellen Sicherheit in Ihm her und befähigen dich, Ihm so zu folgen, wie *Er* dich leitet.

Kontrolle durch geistliche Gaben

Leider können manche ihre geistlichen Gaben sogar öffentlich benutzen, um andere zu kontrollieren.

Nimm an, du bist in einem lebendigen Gottesdienst. Alle sind fröhlich und laut und preisen Gott. Ganz plötzlich hebt jemand die Hand und schreit: „So spricht der Herr." Dann gibt er eine angebliche Prophetie. (Lies 1. Korinther 14 zu einem ausführlichen Studium der richtig funktionierenden Gaben des Geistes in öffentlichen Veranstaltungen.)

In jedem Gottesdienst sind Leute aller Art anwesend; und jeder wirkt auf einem anderen Niveau geistlicher Reife. Wir müssen lernen, selbst im Geist heranzureifen und die Stimme des Herrn genau zu hören. Wir sollen ein Werk des Geistes nicht deshalb als solches akzeptieren, weil die Mehrzahl der Leute darüber begeistert zu sein scheint. Schließ' dich nicht der *Stimmung* der Menschen an. Folge der *Bewegung* des Heiligen Geistes.

Nachdem die Person ihre Prophetie gegeben hat, schreit jedermann in der Versammlung: „Ja!" Aber dein Geist sagt: „Nein!" Wenn du nicht stark im Geist bist, kannst du durch solche „hyperfleischlichen" Bewegungen und Prophetien ins Wanken kommen.

Warum sollte die Mehrheit der Anwesenden eine solche Prophetie als vom Herrn annehmen?

Einer der Gründe dafür ist, daß manche durch geistliche Gaben hypnotisiert oder gefesselt sind, anstatt von göttlichem Charakter beeinflußt zu werden. Manche Menschen werden von einer begeisternden Vorstellung so überwältigt, daß sie nicht innehalten und unterscheiden, was echt und was falsch ist. Sie vergegenwärtigen sich nicht, daß Jesus lehrt, daß wir Gottes Diener an ihren *Früchten* erkennen werden, nicht an ihren *Gaben* (Matth 7:20).

Wir setzen die Gaben Gottes keinesfalls herab, denn sie sind unschätzbar für den Leib Christi. Wir müssen jedoch im Bereich des Geistes zur Reife kommen. Wir müssen den *Charakter* Gottes verstehen, damit wir wissen können, wann die Gaben *echt betätigt werden.*

Eins der Merkmale des Heiligen Geistes ist, daß er immer Jesus erhebt – *niemals einen Menschen.*

Ich bin in Versammlungen gewesen, wo die Augen der Leute ständig auf den „Mann Gottes" und darauf gerichtet wurden, wie „*er* heilte" und wie „*er* Befreiung bringen würde". Es ist eine traurige Tatsache, aber manche Leute sind bereit, jedem oder jeder Sache zu folgen, wenn es nur „geistlich" aussieht. Nur Gott wird heilen und Befreiung bringen; und obwohl Er Menschen benutzen mag, um Sich zu offenbaren, muß *Er allein* alle Ehre, alles Lob und alle Herrlichkeit bekommen.

Das Fleisch versucht, die Bewegungen Gottes zu kontrollieren. Viele Dinge, die Menschen „geistlich" nennen, stammen eigentlich aus dem mentalen Bereich. Du wirst wissen, ob etwas von Gott ist oder nicht, wenn du unterscheidest, ob es auf sich selbst hin oder von sich weg weist. Wenn jemand eine „Offenbarung" – oder auch eine Prophetie – hat, die ihm selbst nützt, ihn erhebt oder verherrlicht, dann ist sie nicht von Gott.

Die Sicherheit des Fleisches ist immer in einer anderen Person begründet – einem anderem Ich – nicht in Gott. *Finde deine Sicherheit in Gott, dann wirst du von Hingabe und nicht von Kontrolle motiviert sein.*

Kapitel 5

Kontrollmißbrauch in der Bibel

Jetzt wollen wir das Problem des Kontrollmißbrauchs aus der biblischen Perspektive untersuchen. Sehen wir, wie Jesus es fertigbrachte, sich von Menschen fernzuhalten, die Ihn durch Kontrolle mißbrauchen wollten:

> **„Und als der Teufel jede Versuchung vollendet hatte, wich er für eine Zeit von ihm. Und Jesus kehrte in der Kraft des Geistes nach Galiläa zurück, und die Kunde von ihm ging hinaus durch die ganze Umgegend. Und er lehrte in ihren Synagogen, geehrt von allen. Und er kam nach Nazareth, wo er erzogen worden war; und er ging nach seiner Gewohnheit am Sabbattag in die Synagoge und stand auf, um vorzulesen. Und es wurde ihm das Buch des Propheten Jesaja gereicht; und als er das Buch aufgerollt hatte, fand er die Stelle, wo geschrieben war: ‚Der Geist des Herrn ist auf mir, weil er mich gesalbt hat, Armen gute Botschaft zu verkündigen; er hat mich gesandt, Gefangenen Freiheit auszurufen und Blinden, daß sie wieder sehen, Zerschlagene in Freiheit hinzusenden, auszurufen ein angenehmes Jahr des Herrn.' Und als er das Buch zugerollt hatte, gab er es dem Diener zurück und setzte sich; und aller Augen in der Synagoge waren auf ihn gerichtet. Er fing aber an, zu ihnen zu sagen: Heute ist diese Schrift vor euren Ohren erfüllt."** (Luk 4:13-21)

Dies ist eine interessante Geschichte. Jesus kannte Sein Schicksal. Er wußte um Seine Berufung auf Erden. Aber Er kündigte sie nicht an, ehe es dafür Zeit war. Er behielt sie für sich und entwickelte sie.

Jesus ging durch Seine Wüstenerfahrung und *gewann* (Luk 4:1–12). Die meisten Menschen gehen in ihre Wüste und *bleiben* da. Sie kommen nicht sehr weit, wenn sie mit Versuchungen und Anfechtungen konfrontiert werden. Wenn der Teufel ihnen beim erstenmal sagt, daß sie keinen Erfolg haben werden, stimmen sie damit überein und sagen: „Das ist wahr." Sie setzen sich niedergeschlagen und verzweifelt hin. Gott sucht jedoch nach Kämpfern, nicht nach „Wischi-Waschi"-Christen mit weichen Knien. Von dieser Sorte hat die Welt genug gesehen.

Nachdem Jesus nach Seiner Wüstenerfahrung siegreich wieder in Erscheinung trat, kehrte Er in Seine Heimatstadt Nazareth zurück, wo Er aufgewachsen war, und ging in die Synagoge.

Hier waren Seine Eltern „zur Gemeinde gegangen". Hier war es, wo der Geistliche Ihn als Jungen unterrichtet hatte. Jesus hatte viel Gutes von dem Synagogenleiter gelernt.

An jenem Tag, als der Pastor Jesus die Schriftrollen aushändigte, öffnete Er sie und las Jesaja 61:1.2. Aber Jesus las diese Prophetie nicht, wie ein normaler Mensch sie gelesen hätte – so wie etwas, das Menschen als Ereignis in der Zukunft erwarteten. *Jesus las die prophetische Botschaft, als ob sie sich auf Ihn bezöge – weil sie es tat!*

Kontrolle in der Heimatgemeinde

Nachdem Jesus mutig verkündet hatte, **„Heute ist diese Schrift vor euren Ohren erfüllt."** (Luk 4:21), war die erste Reaktion der Leute, **„...Ist dieser nicht der Sohn Josefs?"** (V. 22).

Die Leute von Nazareth verpaßten völlig die Bedeutung der Erklärung Jesu, daß Er der Messias war! Alles, was sie sagen konnten, war: „Nein, der kannst du nicht sein; du bist der Sohn von Josef, dem Zimmermann im Ort."

Als Jesus weitersprach und sich Prophet nannte, wurden die Leute wütend auf Ihn (V. 23–27).

„Und alle in der Synagoge wurden von Wut erfüllt, als sie dies hörten. Und sie standen auf und stießen ihn zur Stadt hinaus und führten ihn bis an den Rand des Berges, auf dem ihre Stadt erbaut war, um ihn so hinabzustürzen. Er aber schritt durch ihre Mitte hindurch und ging weg." (Luk 4:28–30)

Wenn du Besitz ergreifst von dem, was dir geistlich gehört, werden Menschen, die lau sind, dir automatisch Widerstand leisten! Ein lauwarmer Mensch ist zwiespältig. Er „sitzt auf dem Zaun" zwischen dem Hören auf seine Gefühle oder auf seinen Geist.

Jesus schloß die Buchrolle und gab sie dem Diener zurück. Er tat das Richtige und Angemessene. Er hatte kraftvoll im Geist aus den Schriften gelesen, aber Er riß den Gottesdienst nicht an sich. Er setzte sich.

Wenn Blicke töten könnten…

Die Menschen von Nazareth waren so erstaunt über Jesus, daß sie Ihn nicht nur flüchtig ansahen; ihre Augen waren auf Ihn geheftet, wie wir in Vers 20 sehen. Nachdem Er sie stark wegen ihres Mangels an Glauben an Ihn als den verheißenen Messias angesprochen hatte (V. 23–27), wurde ihr Aussehen kriegerisch: ein Anblick des Wahnsinns und der Wut, ein Aussehen über natürliches Verständnis hinaus – ein fordernder Blick, der wissen will, „Was denkst du denn, wer du bist?" (V. 28).

Hat dich jemals irgendwer so angesehen? Wenn du ein echter Diener Gottes bist, kannst du diesen Typ der Verfolgung verkraften.

Siehst du, daß Jesus nicht auf ihren Zorn reagierte? Und weil Er das nicht tat, wollten sie Ihn umbringen!

Dieser war Jesus, der junge Mann, der in ihrer Gemeinde aufgewachsen war. Dies war Nazareth, eine von den kleinen Städten, wo jeder über jedermanns Angelegenheiten Bescheid wußte. Und vermutlich mochte auch jeder jeden. Nur diesmal nicht.

Die Leute von Nazareth wollten Jesus töten, weil Er keinen Rückzieher machte, nichts erklärte und nicht zauderte. Er stand auf Seinem festen Boden.

Sie konnten Ihn nicht kontrollieren! Er war nicht unter ihrer Macht!

Wenn du an den Punkt kommst, wo Menschen dich nicht durch Einschüchterung oder andere Mittel kontrollieren können, werden sie möglicherweise versuchen, dich unschädlich zu machen. Vielleicht werfen sie dich hinaus. Mit anderen Worten: Sie werden versuchen, dich aus der Gemeinde auszuschließen.

Die Leute von Nazareth standen auf wie ein Mann, um Jesus aus der Stadt zu jagen und Ihn vom nahen Berggipfel zu stoßen (V. 29). Es war ein dramatischer Gemeindeausschluß: Sie wollten Ihn umbringen!

Sie hielten nach dem Gesalbten Gottes Ausschau und meinten, sie würden Ihn durch ihre gewöhnlichen fleischlichen Gedankengänge erkennen. Aber sie versagten, den Messias zu erkennen, als Er kam und in ihrer Mitte als einer der ihren lebte! Sogar nach all der Lehre, die Er gegeben, und nach all den Wundern, die Er unter ihnen gewirkt hatte, glaubten sie immer noch nicht, daß Jesus der Messias war! Warum? Weil sie von *Religion* verblendet waren.

Was ist *Religion?* Sie ist der Versuch, Gott durch menschliche Anstrengung zu erkennen und zu gefallen. *Christ-Sein* ist keine Religion; es ist eine Beziehung mit Gott – ein Seite an Seite

Wandeln, Sprechen und Umgehen mit Jesus, dem lebendigen Sohn Gottes. Diese persönliche Beziehung kommt nicht durch Religion zustande, wo Menschen danach trachten, Gott durch menschliche Kunstgriffe und persönliche Ansichten zu erkennen und zufriedenzustellen.

Darum gibt es „religiöse Geister" – Dämonen, ausgesandt, um Menschen daran zu hindern, Gott in Seiner Fülle persönlich zu kennen. Religiöse Geister sind kontrollierende Geister. Sie beharren auf fleischliche Handlungsweisen und Manifestationen, damit Menschen glauben, sie hätten Gott einen Dienst getan. Religiöse, kontrollierende Geister behindern die wahre Bewegung des Geistes Gottes. Sie operieren durch Menschen, die im Fleisch wandeln, die nicht viel über das Leben im Geist wissen. Diese Menschen haben kaum eine geistliche Beziehung mit Jesus Christus, sie kennen alle „religiösen" Tatsachen und für gewöhnlich verzerren sie diese, um die Bewegung des Heiligen Geistes zu kontrollieren.

Achte darauf, daß Jesus in diesem Abschnitt nicht starb. Er ging mitten durch den wütenden Haufen und weiter auf Seinem Weg. Er hatte eine Bestimmung zu erfüllen; Menschen konnten Ihn nicht kontrollieren oder Seine Mission abwürgen.

Selbst diejenigen, die Jesus am meisten liebte, konnten Ihn nicht kontrollieren oder an dem hindern, wozu Gott Ihn berufen hatte.

Dies ist das Beispiel eines kontrollierenden Geistes, der durch Jesu „Heimatgemeinde" wirkte, indem er versuchte, Jesus zu einem Rückzieher von der Aussage zu bewegen, daß Er, der Messias, in die Welt gekommen sei, um die prophetischen Schriften zu erfüllen.

Die frühe Gemeinde begegnet Kontrolle

Wenden wir uns jetzt dem 4. Kapitel der Apostelgeschichte zu, wo wir ein Beispiel von versuchter Kontrolle in der frühen Gemeinde finden. Wir sehen die religiösen Leiter Israels bei dem Versuch, die Apostel Petrus und Johannes zu kontrollieren, nachdem der lahme Mann an der „Schönen Pforte" durch sie in der Macht des Namens Jesu geheilt worden war:

> **„Während sie** (Petrus und Johannes) **aber zu dem Volk redeten, kamen die Priester und der Hauptmann des Tempels und die Sadduzäer auf sie zu, empört (darüber), daß sie das Volk lehrten und in Jesus die Auferstehung aus den Toten verkündigten. Und sie legten Hand an sie und setzten sie in Gewahrsam bis an den Morgen, denn es war schon Abend. (...) Es geschah aber am folgenden Tag, daß ihre Obersten und Ältesten und Schriftgelehrten sich in Jerusalem versammelten, und Hannas, der Hohepriester, und Kaiphas und Johannes und Alexander, und so viele vom hohepriesterlichen Geschlecht waren. Und nachdem sie sie in die Mitte gestellt hatten, fragten sie: In welcher Kraft oder in welchem Namen habt ihr dies getan? Da sprach Petrus, erfüllt mit Heiligen Geist, zu ihnen: Oberste des Volkes und Älteste! Wenn wir heute über die Wohltat an einem kranken Menschen verhört werden, wodurch dieser geheilt worden ist, so sei euch allen** (nicht nur einigen von euch; euch *allen*) **und dem ganzen Volk Israel kund: Im Namen Jesu Christi, des Nazoräers, den *ihr* gekreuzigt habt, den Gott auferweckt hat aus den Toten – in diesem Namen steht dieser gesund vor euch."** (Apg 4:1–3. 5–10)

Das war eine kühne Aussage. Hier waren alle religiösen Geister der Stadt zusammengekommen, um Petrus und Johannes wegen der Heilung des kranken Mannes zu attackieren! Dies sagt uns, daß religiöse Geister nicht auf Gottes Seite sind, weil niemand böse werden sollte, wenn ein Kranker geheilt wird. Es sollte stattdessen Freude herrschen! Hast du in dieser Schriftstelle bemerkt, daß „religiöse" Menschen keinen gesunden Menschenverstand haben? Sie denken, sie brennen für Gott, aber in Wirklichkeit sind sie geistlich ganz kalt. Wenn jemand ihnen sagt, daß sie geistlich kalt sind, oder wenn Gott jemand von außerhalb ihres Kontrollsystems gebraucht, werden sie sehr wütend!

Kontrollierende Menschen und religiöse Menschen

Es gibt wirklich nichts, woran man kontrollierende Menschen von religiösen Menschen unterscheiden kann. Kontrollierende Geister und religiöse Geister sind einander ähnlich. Sie sind „eineiige" Zwillinge – es ist schwierig, eins ohne das andere zu haben. Man findet viele Kontrollierer unter denen, die sehr religiös sind.

Aber sieh, daß Petrus keine Angst hatte, starken religiösen Leuten zu antworten. Ein Weg, vor kontrollierenden, religiösen Geistern aufzutreten, ist, sie niemals zu fürchten und immer eine geistliche Antwort bereit zu haben. Und sieh auch, daß immer, wenn Kontrollmißbraucher Gottes Diener angriffen, auch deren Antwort an sie in der Bibel verzeichnet ist.

Warum attackierten die religiösen Leiter von Jerusalem die Apostel? Um sie davon abzuhalten, Menschen in Jesu Namen zu heilen. Die Leiter befürchteten, daß die Heilungen ihre Kontrolle über die Menschen, die sie zu „besitzen" meinten, beeinträchtigen würde. Petrus, voll Heiligen Geistes, erklärte allen diesen religiösen Leitern, daß Menschen heilen eine „gute Tat" ist (V. 9), nicht böse oder schädlich.

Wenn man manipulierende Menschen konfrontiert, muß man die Wahrheit darlegen. Gib sie nicht einfach zu bedenken, stell' sie fest! Das tat Petrus. Er fuhr fort, den Leitern zu berichten, daß die Heilung **„Im Namen Jesu Christi, des Nazöräers, den *ihr***

gekreuzigt habt,...” (V. 10), zustande gekommen war. Das ist eine weitere kühne Behauptung!

Petrus wandte sich an dieselben Leiter, die einen Mörder frei ausgehen lassen hatten, um Jesus kreuzigen zu können. Petrus' mutige Aussagen machten diese kontrollierenden, religiösen Leute nicht besonders glücklich. Sie staunten über die Apostel, machten aber zugleich herabwürdigende Äußerungen über sie:

> **„Als sie aber die Freimütigkeit des Petrus und Johannes sahen und bemerkten, daß es ungelehrte und ungebildete Leute seien, verwunderten sie sich; und sie erkannten sie, daß sie mit Jesus gewesen waren. Und da sie den Menschen, der geheilt worden war, bei ihnen stehen sahen, konnten sie nichts dagegen sagen. Nachdem sie ihnen aber befohlen hatten** (Das ist charakteristisch für Kontrollierer; sie bitten nicht, sie befehlen. In ihren Aussagen ist immer ein Unterton des Forderns enthalten, um die andere Person dazu zu bringen, sich verpflichtet zu fühlen, ihren Wünschen nachzukommen.)**, aus dem Hohen Rat zu gehen, überlegten sie miteinander und sagten: Was sollen wir diesen Menschen tun? Denn daß wirklich ein deutliches Zeichen durch sie geschehen ist, ist allen offenbar, die zu Jerusalem wohnen, und wir können es nicht leugnen. Aber damit es nicht weiter unter dem Volk ausgebreitet werde, wollen wir sie *bedrohen*, daß sie nicht mehr in diesem Namen zu irgendeinem Menschen reden. Und als sie sie gerufen hatten, *geboten* sie ihnen, sich überhaupt nicht in dem Namen Jesu zu äußern noch zu lehren.”** (Apg 4:13–18)

Biblische Drohungen

Wir haben den Mißbrauch von Drohungen diskutiert, die sich im alltäglichen Leben erweisen können. Betrachten wir nun die biblischen Androhungen, mit denen sich die Männer Gottes in der Schrift auseinandersetzen mußten.

Achte auf den Teilsatz in Vers 17, **„...wollen wir sie bedrohen...”**. Was bewirkt eine Drohung bei einem Menschen? Sie führt dazu, daß er sich gegen das wendet, was er glaubt. Sie zwingt ihn, sich denen zu unterordnen, die ihn einschüchtern. Das ist mißbrauchte Kontrolle!

Die religiösen Leiter jener Zeit drohten den Aposteln durch den Befehl, **...sich überhaupt nicht in dem Namen Jesu zu äußern noch zu lehren** (V. 18). Das war Kontrolle, und die Apostel hatten als Antwort darauf eine Entscheidung zu treffen.

Wie reagierten Petrus und Johannes angesichts dieser Drohungen und Forderungen?

> **„Petrus aber und Johannes antworteten und sprachen zu ihnen: Ob es vor Gott recht ist, auf euch mehr zu hören als auf Gott, urteilt ihr! Denn es ist uns unmöglich, von dem, was wir gesehen und gehört haben, nicht zu reden. Sie *bedrohten sie aber noch mehr* und entließen sie, da sie nicht fanden, auf welche Weise sie bestrafen sollten, um des Volkes willen; denn alle verherrlichten Gott um dessentwillen, was geschehen war."**
> (Apg 4:19–21)

Ich mag diese Apostel! Sie behaupteten sich vor allen religiösen Geistern der Stadt. Die religiösen Leiter waren wütend, weil ein Wunder getan worden war – aber nicht von ihnen! Sie meinten, *sie* sollten diejenigen sein, die Wunder vollbringen, da sie die religiösen Herrscher waren. Gott konnte sie jedoch nicht gebrauchen, weil sie voller Stolz waren und glaubten, sie wüßten alles.

Gott sucht nicht nach Menschen, die vom Kopf her arbeiten – aus den eigenen Überlegungen. Gott sucht nach einem, der von Herzen handelt – aus Seinem Geist. Gott sucht nach Menschen, die Seinem Geist gehorsam sein wollen.

Darum ärgert es manche gebildeten, stolzen Leute, wenn Gott jemanden zum Wunderwirken benutzt, der nur wenig oder gar keine formale Bildung hat.

Leute, die stolzerfüllt sind, kritisieren für gewöhnlich diejenigen, die im Natürlichen keine besonderen Fähigkeiten haben. Aber wie kann Gott die benutzen, die sich allein auf ihre Bildung verlassen? *Der einzige Weg, wie Bildung einem Menschen nützen kann, ist, sie dem Willen Gottes zu unterwerfen und sich nicht auf sie, sondern allein auf Gott zu verlassen!*

Im siebenten Vers dieses Abschnittes fragten die religiösen Leiter die Apostel, **„In welcher Kraft oder in welchen Namen habt ihr dies getan?"** Sie sagten: „Was glaubt ihr, wer ihr seid, wenn ihr sowas ohne *unsere* Genehmigung tut, und in wessen Autorität tatet ihr's?"

Sieg über Kontrolle in der Bibel

Der achte Vers fährt fort: **„Da sprach Petrus, erfüllt mit Heiligem Geist, zu ihnen..."**

Die einzige Art, über Kontrolle zu siegen, ist voll Heiligen Geistes und Kraft zu sein! Genau wie Petrus brauchen wir den Geist der Macht, um über die Kontrollgeister zu siegen.

Obwohl es wichtig ist, Glaubensworte zu sprechen und nicht zu zweifeln, kommt der Geist der Macht (Jes 11:2) nicht auf einen als Ergebnis des Aussprechens positiver Bekenntnisse oder indem man vorgegebene Formeln befolgt. Er wird nicht auf jemandem *bleiben,* nur weil er mit den „richtigen Leuten" umgeht.

Der Geist der Macht legt eine Leidenschaft in den Gläubigen, die diesen motiviert, Böses zu hassen und ihn ermächtigt, den Plan Gottes auf der Erde auszutragen. Der Geist der Macht ist wie eine nukleare Kraft, die in einem einzelnen wohnt und ihn gegen jeden bösen Widerstand, der ihn zu unterdrücken versucht, vorantreibt.

Der Geist der Macht tritt dem Widerstand entgegen. Er verschafft dem einzelnen in jeder Situation die Fähigkeit, richtig von falsch unterscheiden zu können und von dort weiterzugehen. Er verteidigt sich nie; er begabt den Menschen, in dem er wohnt, einfach mit der Kraft, Tatsachen festzustellen!

Der Geist der Macht vermittelt dem menschlichen Verstand die übernatürliche Fähigkeit, mitten im Kampf in Frieden und Ruhe zu bleiben. Er gibt die Gewißheit des kommenden Sieges und bewirkt, daß die Freude des Herrn sich um denjenigen herum erweist, der ihn besitzt.

Der Geist der Macht stattet auch den physischen Leib und die Gefühle mit Ausdauer und Schutz aus. Er stellt die übernatürliche Fähigkeit bereit, über natürliche, seelische Begrenzungen weit hinauszureichen.

Der Geist der Macht kommt niemals zum Selbstzweck auf einen Menschen. Er kommt, damit die Absicht Gottes auf der Erde durch die Gemeinde erfüllt wird!

Petrus hatte den Geist der Macht in und auf sich, als er angesichts der religiösen Leiter seiner Zeit sprach. In Vers 10 fährt er mit seinen Ausführungen fort: „Durch den Namen Jesus Christus von Nazareth, den ihr gekreuzigt habt, haben wir dieses Wunder gewirkt, und durch diesen Namen werden wir weiterhin Wunder wirken!"

Die religiösen Führer reagierten mit dem Befehl an die Apostel, in diesem Namen nicht mehr zu predigen und zu lehren, und sie bedrohten sie ernstlich, falls sie nicht gehorchten.

Was aber taten Petrus und Johannes? Sie kehrten zurück zu den ihrigen und berichteten ihnen alles, was geschehen war (V. 23).

Ist die Gemeinde in der Apostelgeschichte aufgrund des Berichtes der Apostel geschrumpft? Nein! Der Geist der Macht kam auf sie alle (V. 31)!

Statt sich zu Hause zu verstecken und Gott zu bitten, die Feinde zu schlagen, warfen sie sich auf ihr Angesicht und baten Gott, ihnen mehr Kühnheit zu gewähren:

„... und gib deinen Knechten, dein Wort mit aller Freimütigkeit zu reden; indem du deine Hand ausstreckst zur Heilung, und Zeichen und Wunder geschehen durch den Namen deines heiligen Knechtes Jesus."
(Apg 4:29+30)

Dem Herrn gefiel ihre Reaktion und die Bitte so gut, daß der Ort, an dem sie versammelt waren, erbebte! Sie wurden alle mit Kühnheit vom Heiligen Geist erfüllt. Sie wurden ein Herz und eine Seele, und niemandem unter ihnen mangelte irgendetwas (V. 32+33).

Und sehr zum Entsetzen der religiösen, kontrollierenden Führer jener Zeit gab Gott denen große Macht, die glaubten (V. 33). Das bedeutete, mehr Heilungen, mehr Befreiungen und mehr Errettungserlebnisse als vorher fanden in der Stadt Jerusalem statt, nachdem Petrus und Johannes bedroht worden waren!

Laß das auch heute unser Zeugnis sein. Bitte Gott, dich mit dem Geist der Macht zu erfüllen, so daß du mißbrauchende, kontrollierende Geister sprengen kannst. Dann richte den Plan und die Absicht Gottes auf der Erde aus!

Kapitel 6

Positive, berechtigte Kontrolle

So wie wir die negativen Aspekte von Kontrolle besprochen haben, müssen wir auch ihre positive Natur studieren. Es gibt eine gute und berechtigte Kontrolle oder Aufsicht, die Gott zu unserem Wohl eingesetzt hat. Wenn sie von Gott ist und wir uns ihr unterordnen, wird uns positive Kontrolle pflegen und zur Reife bringen.

Gerechtfertigte Kontrolle ist gekennzeichnet von Mäßigung, guten, vernünftigen Verfügungen und Schranken, die Anreize bringen ohne den Mißbrauch persönlicher Rechte.

Zum Beispiel hat die Regierung der Vereinigten Staaten viele Kontrollen, die die Wohlfahrt und damit das Glück des amerikanischen Volkes schützen helfen. Einige von ihnen beinhalten: 1. Drogengesetze, 2. Einwanderungskontrollen und 3. bundesweite Regelungen, die so lebenswichtige Angelegenheiten wie Schutz der öffentlichen Gesundheit, Nahrungsmittel-Kontrolle, Erhaltung natürlicher Hilfsquellen, Vorkehrungen für Ausbildung und so weiter berücksichtigen.

Wenn wir nicht erlauben, durch ordentliche Mäßigung, Regulierungen und Beschränkungen kontrolliert zu werden, wird es zu Problemen mit Ausschweifungen kommen. Positive, berechtigte Aufsicht dient als göttlicher Ausgleich in unserem Leben.

Wir haben Gott gegenüber eine Verantwortung, reifer, angemessener Leiterschaft zu folgen. Wir sollen uns solchen Leitern unterordnen und auf ihren weisen Rat dem Wort Gottes gemäß achten. Der größte Lehrer von allen, der Heilige Geist, kann uns die Eigenschaften offenbaren, nach denen wir in denen schauen sollen, die göttliche, positive Kontrolle ausüben.

Der Heilige Geist

Der Heilige Geist ist heute immer noch auf der Erde gegenwärtig. Sein Beispiel sollte in unserem Leben der *Standard* sein, an dem wir unsere Beziehung zu anderen messen.

Der Heilige Geist ist der Aufsichthabende im Leben des Gläubigen. Der Heilige Geist ist kein Diktator. Er bedrängt oder bedrückt uns nicht, noch erstickt Er unsere Kreativität. Er ist das vollkommene Gleichgewicht. Wir sind von Gott geschaffen. Der Heilige Geist gibt uns die Freiheit, Gott durch unsere individuelle Persönlichkeit auszudrücken.

Der Heilige Geist will uns in unserem Leben von Sünde *überführen,* damit wir gereinigt werden und ungehindert im Plan Gottes vorangehen können. Er wird uns nicht *verdammen,* aufreiben, niederschlagen oder peinigen, ganz gleich, wie abscheulich unsere Fehler sein mögen. Gott kommt nicht, um uns zu vernichten, sondern um uns heil zu machen. Seine Absicht ist nicht, uns in Gefangenschaft zu setzen, sondern uns zu befreien.

Der Herr trifft keine Entscheidungen an unserer Stelle, noch fordert er von uns streng Gehorsam. Er korrigiert uns, aber immer sind wir es, die sich entscheiden, zu gehorchen. In Johannes 16:13 wird uns durch Jesus gesagt:

„Wenn aber jener, der Geist der Wahrheit, gekommen ist, wird er euch in die ganze Wahrheit *leiten*;..."

Der Heilige Geist ist hier, um uns in die Wahrheit des Evangeliums zu führen. Das ist echte und verantwortliche Leiterschaft. Er dient als ein Führer in die Offenbarung Gottes in unserem Leben.

Achte darauf, Er will uns „leiten", aber unsere Verantwortung ist es, Seiner Führung zu folgen.

Ein weiteres Merkmal echter göttlicher Leiterschaft ist im nächsten Teil desselben Verses zu sehen:

„...denn er *wird nicht aus sich selbst aus reden*, sondern was er hören wird, wird er reden, und das Kommende wird er euch verkündigen."

Der Heilige Geist weist nie auf sich selbst hin. Er erhöht sich niemals oder versucht, sich zu fördern. Er ist nie in dem Wettbewerb, gesehen oder gehört zu werden. Er spricht zu uns nur das, was Er vom Vater hört, und wenn wir auf Ihn hören und Ihm vertrauen, wird Er uns von zukünftigen Dingen sagen.

Im ersten Teil von Römer 8:26 hören wir mehr über den Heiligen Geist und über gute, positive Kontrolle (Aufsicht) in unserem Leben:

„Ebenso aber nimmt auch der Geist sich unserer Schwachheit an;..."

Der Heilige Geist *„hilft"* uns. Er wird die Arbeit nicht für uns tun, auch wird Er nicht alles aufwenden, um das anstehende Unternehmen auszuführen. Er will uns *helfen,* den Plan und die Absicht Gottes auf der Erde zu erfüllen. Ein geistlicher Freund von mir drückte es einmal so aus: „Der Heilige Geist will dir helfen, eine Sache zu tun, genau wie ich dir *helfen* würde, einen Sessel wegzurücken. Du hebst ihn auf der einen Seite an und ich auf der anderen. So macht es der Heilige Geist, wenn Er dem Gläubigen hilft."

Positive Kontrolle durch eine Person ist Hilfe und Leitung, aber geschieht nicht zu eigenem Gewinn. Positive Kontrolle gibt dem einzelnen die Freiheit, innerhalb der Grenzen des Wortes Gottes er selbst zu sein und seine eigene Persönlichkeit und Kreativität auszudrücken.

Positive Kontrolle wird nie bedrücken, verdammen oder dämpfen. Sie wird lieben und für notwendige Ermutigung sorgen, um das Leben in seiner ganzen Fülle für Gott zu leben. Positive Kontrolle dient als Sicherheitsventil, ein „Prüfen und Ausgleichen" unseres täglichen Wandels.

Positive Kontrolle (Aufsicht) durch Leiterschaft

Es ist notwendig, daß wir ein wichtiges Prinzip verstehen: *Gott hat immer Leiter gehabt, und diese müssen legitime, göttliche Autorität ausüben.*

Beginnen wir unsere Studie über dieses lebenswichtige Prinzip mit Epheser 4:11–14. Ich mag die Art, wie dieser Abschnitt in der Amplified Bible übersetzt ist:

„Und seine Gaben waren (mannigfaltig; er selbst ernannte Männer und gab sie uns), manche, um Apostel zu sein (besondere Botschafter), andere als Propheten (inspirierte Prediger und Ausleger), andere als Evangelisten (Prediger des Evangeliums, reisende Missionare), andere als Pastoren (Hirten seiner Herde) und Lehrer. Seine Absicht war die *Vervollkommnung* und *volle Ausrüstung* der Heiligen (Ihm geweihte Leute), daß sie das Werk des Dienstes am Leib Christi (der Gemeinde) tun sollten. (Damit er sich entwickeln möchte) bis wir alle in die Einheit des Glaubens und den Umfang der völligen und genauen Erkenntnis des Sohnes Gottes kommen, daß (wir erreichen) die echte Mannesreife – die Vollständigkeit der Persönlichkeit, was nicht weniger ist als die Höhe von Christi eigener

Vollkommenheit als Standard – das Vollmaß des Wuchses in der Fülle Christi und der Vollständigkeit, die in ihm ist.
So sollen wir denn nicht länger unmündige Kinder sein, hin und hergeworfen (wie Schiffe) von Zufallsböen der Lehre und schwankend bei jedem wechselnden Wind der Lehrmeinungen, (die Beute von) der List und Schlauheit skrupelloser Menschen, (Spieler, engagiert) in jeder wechselnden Form von Gaunerei beim Erdichten von Irrtümern, um fehlzuleiten."

Beachte, daß es die Absicht des Herrn war, Männern und Frauen bestimmte Leiterschaftsgaben zu geben, um dem Leib Christi zur Reife zu verhelfen und dazu, Ihn intim zu kennen. Auf diese Leiterschaftsgaben wird sich oft als auf den „fünffältigen Dienst" bezogen.

Diese Leiter sind Geschenke von Gott, um die Gläubigen „ausrüsten" und „vervollkommnen" zu helfen. In der Strong-Konkordanz ist das griechische, in diesem Vers mit *vervollkommnen* übersetzte Wort hergeleitet von einer Wortwurzel mit der Bedeutung „einpassen, einheizen, vorbereiten, wiederherstellen".

Diese vier kleinen Wörter beinhalten schwere Arbeit und Disziplin. Es ist die Aufgabe der fünffältigen Dienste, dafür zu sorgen, daß du und ich gründlich mit Glauben, Liebe und Hoffnung ausgestattet werden und den Sohn Gottes, das Wirken und die Sensibilität des Heiligen Geistes und jeden weiteren Aspekt des Wortes Gottes völlig zu begreifen vermögen. Sie sind vor Gott verantwortlich in ihrer Leiterschaft über uns. Wir dagegen sind für den Grad unserer Unterordnung unter diese Leiterschaft verantwortlich.

Versteh' bitte, daß du und ich der *Leiterschaft* gegenüber verantwortlich sind – dem *Amt* und den *Gaben* der Person –, nicht der Person selbst. Wir sollen der Person folgen, wie sie Gottes Wort folgt. Wenn Leute in Leiterschaftspositionen genau die

Schriften demonstrieren, sind wir dafür verantwortlich, wie wir uns den Gaben in ihnen unterordnen.

Die Amplified Bible-Version von Hebräer 13:17 lautet:

„Gehorcht euren geistlichen Leitern und ordnet euch ihnen unter – indem ihr fortwährend *ihre Autorität über euch anerkennt.* Denn sie wachen beständig über eure Seelen und bewahren euer geistliches Wohlbefinden als Männer, die Rechenschaft ablegen werden müssen (über das ihnen Anvertraute). (Leiste deinen Anteil), daß sie das mit Freuden tun und nicht mit Seufzen und Stöhnen, denn das wäre nicht (ebensowenig) für dich zum Nutzen."

Damit ein Leiter uns „einpassen", „einheizen", „vorbereiten" und „wiederherstellen" kann, muß es einen bestimmten Grad an positiver, gerechter Kontrolle über unser Leben geben. Eine Weigerung, sich solcherlei Schutz und Weisheit zu unterstellen, würde geradezu Rebellion auf seiten des Gläubigen bedeuten.

Weil der Leib Christi in diesem Punkt schwankend war, zerstreuten sich die Leute und riefen: „Kontrolle, Kontrolle!", sooft eine starke Leiterschaft in Erscheinung trat.

Laßt uns als Gläubige erwachsen und reif werden. In diesem Jahrzehnt brauchen wir *starke Leiterschaft.* Die Welt zeigt nicht mehr mit dem Finger auf Sünde und denkt nicht mehr über sie nach. Die Welt lärmt in ihrer Not. Wir als Volk Gottes müssen hinter der starken Leiterschaft stehen, die Gott unter uns aufgerichtet hat. Wir müssen diesen Menschen als unseren Beispielen im Erfüllen der Pläne und Vorsätze des Himmels folgen.

Es gibt zwei Haltungen, die die Gemeinde „abschütteln" muß: 1. Kompromiß auf seiten der Leiter und 2. Verachtung und Rebellion gegen starke Leiterschaft auf der Seite des Volkes.

Wenn heutzutage die Leiterschaft nicht stark ist, wird der Leib Christi nicht zur vollen Reife heranwachsen.

Leiterschaft wirkt positiv. Sie besteht nicht nur aus reden, sondern sie *tut etwas*. Sie geht mit dem Herrn voran und nimmt die Menschen mit auf dem Weg.

Als ich dieses Thema studierte, wurde gesagt, daß in der modernen israelischen Armee zuerst die Offiziere in den Kampf geschickt werden, und dann folgen die Truppen. Dies soll einer der Gründe sein, weshalb die Israelis militärisch so erfolgreich sind: Ihre Offiziere stehen an der Front und zeigen den Truppen, wo es lang geht und was zu tun ist. Andere Nationen schicken ihre Truppen zuerst hinein, während ihre Führer hinter den Linien sitzen und die Schlacht durch Ferngläser beobachten.

Das tun auch viele Gemeindeleiter heute: Sie versuchen zu führen, indem sie im Hintergrund bleiben. Zum Teil ist diese Situation ein Fehler der Leute, weil sie gute, göttliche, gerechte Kontrolle nicht verstehen. Immer dann, wenn diejenigen in Leiterschaftspositionen sich besinnen, „einzupassen", „zu beschleunigen", „vorzubereiten" oder Leben „wiederherzustellen", entwikkeln die Gemeindemitglieder eine rebellische Haltung und stempeln die Leiterschaft als „kontrollierend" ab.

Denk' daran, daß Leiter auch Menschen sind. Sie sind menschliche Wesen mit realen Gefühlen, genau wie jeder andere. Wenn sie ständig abgestempelt und verraten werden, neigen sie dazu, sich als Schutz gegen weitere Schmerzen, Wunden und Verleumdungen zurückzuziehen. Wenn ihr mit einem starken Leiter gesegnet seid, dann folgt ihm, wie er Christus folgt.

Göttliche Leiterschaft wird im Bedarfsfall aufstehen und die Leitung übernehmen. Wenn Gott zu den Leitern spricht und ihrer lokalen Gemeinde oder der Nation befiehlt, in ein Gebiet des Glaubens hinauszutreten, sind sie kühn zu handeln. Jene Gläubigen, die empfindsam für den Heiligen Geist sind, werden ebenfalls folgen und die Sache mit ganzem Herzen unterstützen.

Positive, gerechte Kontrolle tritt den Entscheidungen entgegen, die im Widerspruch zu Gottes Absichten stehen!

Wenn der Geist Gottes Menschen bewegt „hinauszutreten", wird oft auch eine besonders feine Pflege an Charakter, Integrität und Glauben bei ihnen stattfinden. Die Aufgabe des Leiters ist es, anhand des Wortes Gottes Anweisungen zu geben und zu disziplinieren. Wenn du und ich in die volle geistliche Reife kommen sollen, müssen wir lernen anzunehmen, uns unterordnen und wachsen. Wir müssen willens sein, uns zu vergegenwärtigen, wo wir geistlich stehen, und uns dann auf die Reife zu bewegen.

Leiter dürfen keine Angst haben, irgendein unordentliches Betragen, das in ihren Gottesdiensten stattfinden könnte, zu konfrontieren. Ich bin einer, der stark an Gebet und Fürbitte glaubt, aber zuweilen „heben" manche Fürbitter „ab" und fangen an zu denken, daß sie die allergeistlichsten Leute in der Gemeinde sind. Manche haben sogar versucht, ihre Position zu benutzen, um den Pastor oder andere Leiter zu beherrschen.

Jeder Gläubige ist zum Dienst der Fürbitte berufen. Der Grund, weshalb manche in dem Bereich des Betens mehr als andere gesalbt zu sein scheinen, ist, daß sie es mehr tun! Es gibt in der Bibel keine Stelle, die auf ein „Amt der Fürbitte" hinweist. Der Fürbitter ist ein Diener Gottes, sensibel für Seine Führung, um Seinen Willen auf die Erde herabzubeten. Ein Fürbitter pflastert den Weg für den Heiligen Geist, daß dieser die Entwürfe des Feindes verwirren und vereiteln kann. Gebete der Fürbitte machen den *Plan* Gottes für diese Zeit zur *Wirklichkeit.*

Fürbitter müssen im geistlichen Bereich und im Wort Gottes unterwiesen sein, um genau den Willen Gottes zu beten. Gläubige müssen über die Wege und den Charakter Gottes belehrt werden, wenn sie Gott klar hören sollen. Das ist keine mißbrauchende Kontrolle, sondern die positive Aufsicht des fünffältigen Dienstes.

Pastoren dürfen sich nicht fürchten, Fürbittern, die im Irrtum sind, entgegenzutreten. Sie sollen nicht zögern, sie anzuweisen, anständig und in der Ordnung zu beten oder andernfalls aufzuhören, bei öffentlicher Anbetung Fürbitte zu tun, bis sie sich so normal benehmen können, wie sie sollten.

Ich mag Leiter, die keine Angst haben, zu konfrontieren und Fehlverhalten zu korrigieren! Diese Art göttlicher Kühnheit zeigt mir, daß sie die Gegenwart des Heiligen Geistes in ihrer Mitte schätzen. Solch eine positive Konfrontation offenbart, daß der Leiter daran hingegeben ist, den Leib Christi zur Reife zu führen, damit die Welt motiviert wird, nach dem zu hungern, was die Gläubigen haben.

In einer starken Leiterschaft liegt eine Sicherheit für das Volk Gottes. Es gibt Hoffnung für die Welt durch Gottes *starke* Leiter und Gläubige!

Religiöse, rebellische Geister mögen starke Leiterschaft nicht! Solche Geister möchten eine Gemeinde und ihre Leute beherrschen und kontrollieren.

Wenn du von einem geistlichen Leiter konfrontiert wirst und dir nahegelegt wird, daß in deinem persönlichen Leben etwas verändert werden muß – dann freu' dich und danke Gott für ihn!

Ja, das versengende Licht des Heiligen Geistes tut unserem Fleisch zuweilen weh, aber es ist gut für uns. Unser geistliches Wachsen und Heranreifen hängt davon ab. Als Leib Christi sind wir im Training – wir müssen erwarten, geschliffen und verändert zu werden. Zahllose andere warten darauf, aus deinen Trainingserfahrungen Nutzen zu ziehen – aus dem erfolgreichen Training, das dich und mich zur vollen Reife gebracht hat.

Starke, positive Aufsicht durch einen Leiter / eine Leiterin zeigt dessen / deren Hingabe an Gott. Beraube dich nicht selbst des

Schutzes, den Gott durch diejenigen verfügt hat, die er in Leiterschaftspositionen innerhalb Seiner Gemeinde eingesetzt hat.

Wir sind eine Armee, und um effektiv und triumphierend Krieg zu führen, müssen wir in Ziel und Brennen vereint sein. Wir dürfen Ränge nicht mißachten, um unsere eigenen seelischen Wünsche zu verhätscheln.

Zieh' dich nicht von göttlichen Leitern zurück, die ihr Leben zu deinem Nutzen und um deiner Reife willen hingeben. Sei für göttliche Weisung in deinem Leben dankbar. Was du durch sie lernst, wird auf dem Schlachtfeld dein teuerster Schatz sein.

Kapitel 7

Positive, biblische Kontrolle

Laß uns eine biblische Geschichte betrachten, die von starker Leiterschaft erzählt und von einem rebellischen Geist, der versuchte, sich dagegen durchzusetzen.

Die Leiterschaft des Mose

Im 4. Buch Mose, Kapitel 16 finden wir eine sehr interessante Situation. Im Lager der Israeliten erhob sich ein Mann namens Korah aus dem Stamme Levi, der unter den Stämmen umherging und über die Leiterschaft Moses klagte. Er dachte, Mose hätte sich zu viel Macht und Autorität als Leiter des Volkes Gottes angeeignet. Mit anderen Worten: Korah hielt Mose für einen „Kontrollierer".

Als Korah genügend Rückendeckung von anderen mürrischen Kindern Israel sichergestellt hatte, suchten er und seine Begleiter Mose, den von Gott erwählten Leiter, auf. Beim Studium des Verses 2 in dieser Passage ist es ganz interessant zu sehen, welchen Typ Leute Korah anwarb, sich seiner Sache anzuschließen:

> **„...und sie erhoben sich gegen Mose mit 250 Männern von den Söhnen Israel, Fürsten der Gemeinde, Berufene der Zusammenkunft, namhafte Männer."** (4. Mose 16:2)

Korah hatte Gott nicht hinter sich; so mußte er die berühmtesten Männer aus den Stämmen Israel zu dem Versuch rekrutieren, sich selbst Stärke zu geben.

Als diese Andersdenkenden – einschließlich vieler anderer Leviten, die bei der Tempelanbetung dienten – sich versammelt hatten, nahten sie sich Mose und Aaron. Dort präsentierte Korah seine Anschuldigungen gegen diese Gottesmänner:

> **„Genug mit euch! Denn die ganze Gemeinde, sie alle sind heilig, und der Herr ist in ihrer Mitte. Warum erhebt ihr euch über die Versammlung des Herrn? Als Mose das hörte, fiel er auf sein Angesicht."**
> (4. Mose 16:3+4)

Kommen dir solche Worte bekannt vor? „Du beanspruchst zu viel für dich; schließlich ist jeder andere in der Gemeinde so heilig wie du. Warum erhebst du dich über die Leute? Wir können ebenso gut von Gott hören wie du."

Diese Israeliten erkannten die göttliche, positive Aufsicht nicht, die Gott selbst Mose und Aaron gegeben hatte. Stattdessen wurden sie getrieben von Eifersucht, motiviert von eigenem Machtstreben, durch Religion und Rebellion blind für die Wahrheit.

Göttliche Leiterschaft kostet einen hohen Preis, der gezahlt werden muß, um ganz und gar darin wandeln zu können. Wenn die Gnade Gottes nicht wäre, würde zuzeiten die Last fast unerträglich. Der Hauptpreis, den ein Leiter zu zahlen hat, betrifft sein Alltagsleben vor den Leuten. Um in der Fülle göttlicher Autorität wandeln zu können – um gerechte Kontrolle auszuüben – wird vom Leiter ein bestimmter Lebensstil verlangt.

Von Gott eingesetzte Leiter müssen auf dem Weg der Heiligkeit und Gerechtigkeit bleiben. Sie müssen Gott stark begehren und das Böse von ganzem Herzen hassen.

Der Teufel möchte den menschlichen Willen beherrschen. Wenn er den Willen einer Person kontrollieren kann, hat er sie ganz. Kompromiß schwächt die Fähigkeit des Menschen, kraftvoll gegen Satan Position zu beziehen.

Wenn du und ich stark sind und uns weigern, uns vor dem Bösen zu beugen, werden jene da sein, die etwas Verkehrtes zu finden versuchen, um unseren Charakter zu verderben, unseren Standpunkt zu untergraben und unsere Stärke zu überwinden. Aber göttliche Leiter müssen den Preis der Treue zahlen, egal, was ihnen begegnet. Es ist der Preis, der den Himmel veranlaßt, aufzumerken. Gott will die Grundfesten der Erde für die Treuen bewegen. Göttliche Leiter müssen in geistlicher Genauigkeit und Urteilskraft wandeln. Sie ändern ihren Standpunkt nicht, nur weil sie vom Feind attackiert werden; sie gehorchen Gott weiterhin mitten in Konflikt und Mißgeschick.

Nachdem Mose die gegen ihn und Aaron verlesenen Beschuldigungen gehört hatte, fiel er vor Gott auf sein Angesicht. Dann erhob er sich und sprach Korah und die Söhne Levis, die bei ihm waren, an:

> **„Ist es euch zu wenig, daß der Gott Israels euch aus der Gemeinde Israel ausgesondert hat, um euch zu sich nahen zu lassen, damit ihr den Dienst an der Wohnung des Herrn ausübt und vor der Gemeinde steht, um ihr zu dienen, daß er dich und alle deine Brüder, die Söhne Levis, mit dir hat herzunahen lassen? Und ihr trachtet auch noch nach dem Priesteramt?"**
> (4. Mose 16:9+10)

Was Mose sie fragte, war schlicht dies: „Ist es für euch nichts, daß der Herr euch erwählt hat, in Seinem Hause zu stehen und Ihm vor den Menschen zu dienen? Seht ihr euren Platz am Leib

(Christi) als etwas so Geringes an? Und da ihr darin (offensichtlich) versagt habt, meint ihr eigentlich, ihr hättet den*Preis bezahlt,* um im Amt der Priesterschaft zu stehen?"

Als Korah und die Leviten sich weigerten, Moses Argumenten zuzuhören, verkündete der Mann Gottes: „Morgen wird der Herr zeigen, wer Sein erwählter Führer ist." (V. 5)

Nachdem Mose sich vor den Herrn begeben hatte, wurde er von Gott angewiesen, die Menschen wählen zu lassen, auf welcher Seite sie stehen wollten: Auf Korahs oder Moses Seite. Als die Kinder Israels auf die Seite gelaufen waren, die sie jeweils gewählt hatten, stand Mose vor ihnen und erklärte:

> **„Daran sollt ihr erkennen, daß der Herr mich gesandt hat, um alle diese Taten zu tun, daß ich also nicht aus meinem Herzen gehandelt habe."** (4. Mose 16:28)

Er sprach weiter und warnte die Menschen, daß, wenn der Herr auf seiner Seite wäre, die Erde sich öffnen und den rebellischen Korah und seine Gruppe verschlucken würde, weil sie den Herrn, ihren Gott, provoziert hatten. Die Bibel berichtet, daß die Erde sich wirklich öffnete, sobald Mose seine Ansprache beendete, und Korah, seine Leute und all seinen Besitz verschlang; so verschwanden sie aus der Versammlung. Dann schickte Gott Feuer, das die 250 Murrenden, die sich zu Korah gesellt hatten, verzehrte (V. 30–35).

Gott wird Seine Leiter, die Er eingesetzt hat, niemals verlassen, ganz einerlei, wer oder was sich gegen sie erhebt. Mose bewies weiterhin sein Herz für das Volk vor Gottes Angesicht; dann begegnete er ihnen in kühner Leiterschaft, um sie zum Herrn zurückzuführen.

Paulus' Leiterschaft

Der Dienst des Apostels Paulus ist ein weiteres Beispiel für positive, berechtigte Kontrolle in bezug auf Leiterschaft.

In 1. Korinther 4:15 beginnt Paulus mit folgender kühner Feststellung:

> **„Denn wenn ihr Zehntausend Zuchtmeister in Christus hättet, so doch nicht viele Väter; denn in Christus Jesus habe ich euch gezeugt durch das Evangelium. Ich bitte euch nun, seid meine Nachahmer!"** (1.Kor 4:15+16)

Sieh dir diese Sicherheit an, die Paulus in seiner Position als Leiter hatte! Er befahl der Gemeinde in Korinth, die er errichtet hatte, „selbst wenn ihr viele Lehrer und Prediger gehört habt, bin doch ich derjenige, der euch zur geistlichen Geburt geführt hat. Deshalb folgt meinem Beispiel und Lebensstil".

Wieviele von uns würden sagen, daß Paulus Kontrolle mißbrauchte? *Keiner!* Dennoch wage ich zu sagen, daß, wenn heute ein Leiter solch eine kühne Aussage wie Paulus machte, viele ihn abstempeln würden, noch ehe die Sonne unterginge!

Sehen wir wiederum, was Paulus in seinem Brief an die Gemeinde in Philippi schrieb:

> **„Seid miteinander meine Nachahmer, Brüder, und seht auf die, welche so wandeln, wie ihr uns zum Vorbild habt!"**
> (Phil 3:17)

Paulus empfahl den Philippern nicht nur, dem Beispiel seines Lebensstils zu folgen, sondern er sagte ihnen, daß sie jene beobachten sollten, die ihm folgten, weil sie gute Beispiele des Christseins wären. Das ist sichere Leiterschaft!

Als von Gott erwählter und gesalbter Leiter nahm Paulus seine Verantwortung ernst. Er wachte sorgfältig über die Herde der Gläubigen, die seiner Autorität unterstellt war, und schrieb ihnen oft, „auch wenn ich nicht im Fleisch bei euch bin, sollt ihr wissen, daß ich im Geist bei euch bin". 2. Korinther 11:2 offenbart die Intensität, in der Paulus mit seiner Herde umging:

„Denn ich eifere um euch mit Gottes Eifer; denn ich habe euch *einem* Manne verlobt, um euch als eine keusche Jungfrau vor den Christus hinzustellen."

Als Leiter war Paulus über die, die er zu Jesus gebracht hatte, „eifersüchtig". Er hielt ständig Wache gegen alle und alles, was kommen könnte, die Menschen Gottes ihrer ersten Liebe – Jesus Christus – zu berauben. Er kämpfte gegen Sünde, die die Gemeinde entstellen könnte. Aus Liebe zu Jesus zögerte er nicht, zu konfrontieren. Er wollte, daß jeder, der glaubte, in die volle Reife kommen sollte, für die die Auferstehung vorgesorgt hatte. Er riskierte es, gehaßt, verfolgt und getötet zu werden, um Leben zu retten. Das ist kein Kontrollmißbrauch – *das ist positive, berechtigte, göttliche Leiterschaft!*

Paulus begehrte und trachtete nie danach, von Menschen erhoben zu werden. Er war ein echter Diener Gottes. Ich glaube, daß er in Galater 1 wirklich sein Herz offenbarte, als er über seine Errettung und Ausbildungserfahrung Rechenschaft ablegte. Er hatte großartige Werke für den Herrn vollbracht, aber als er die Geschichte beendet, sagt er von den Menschen, die ihn hatten sprechen hören:

„...und sie verherrlichten Gott in mir." (Gal 1:24)

Der ganze Schlüssel zu positiver, biblischer Kontrolle ist die Tatsache, daß – unabhängig davon, wieviele Entscheidungen wir treffen, wieviele Bekehrungen wir bewirken, wieviele Menschen durch unsere Botschaft geheilt oder befreit werden, wieviele Gegner wir besiegen – unser wichtigstes Bestreben ist, daß Jesus Christus zuerst und vor allem in jeder Situation, der wir begegnen, gesehen wird.

Kapitel 8

Bist du ein Kontrollierer?

Wir haben die Eigenschaften von beidem, der negativen Kontrolle und der positiven, berechtigten Kontrolle (Aufsicht) kennengelernt. Da wir nun dieses Verständnis haben, ist es wichtig, daß wir uns von jeglicher Tendenz, die wir zu den negativen Bereichen haben mögen, befreien. Wenn man diese Dinge über Kontrolle lernt, werden manche von uns sich angeregt fühlen, sofort an Bekannte zu denken, die Kontrollierer sind.

Aber was ist, wenn du vermutest, daß *du* ein kontrollierendes Wesen hast? Wie kannst du erkennen, ob du dahin tendierst, Kontrolle zu mißbrauchen?

1. Du hast die Tendenz, ein Kontrollmißbraucher zu sein, wenn du spürst, daß die einzige Art, wie du wichtig sein kannst oder angenommen wirst, Anordnungen zu geben oder Forderungen zu stellen ist.

Erlaube nicht, daß Ehrgeiz oder Machtstreben dich „antreiben". Ehrgeiz und Machthunger produzieren keine göttliche Autorität. In Matthäus 8 wunderte sich Jesus über die Demut des römischen Hauptmanns. Ab Vers 8 lesen wir dieses Gespräch zwischen Jesus und dem Militärführer.

„Der Hauptmann aber antwortete und sprach: Herr, ich bin würdig, daß du unter mein Dach trittst; aber sprich nur ein Wort, und mein Diener wird gesund werden. Denn auch ich bin ein Mensch, unter Befehlsgewalt und habe Soldaten unter mir; und ich sage zu diesem: Geh hin! und er geht; und zu einem anderen: Komm! und er kommt; und zu meinem Knecht: Tu dies! und er tut's." (Matth 8:8+9)

Jesus antwortete, daß Er in ganz Israel nicht solchen Glauben gefunden hatte (V. 10). Dieser Mann hatte das Prinzip göttlicher Leiterschaft und Autorität gelernt. In seiner Demut den Vorgesetzten gegenüber war er selbst eine Autorität geworden. Er war ein Führer, dem man vertraute und dessen Befehle befolgt und erfüllt wurden.

Wenn wir uns Gott unterordnen, wird Er uns zur rechten Zeit erheben. Wenn die Zeit kommt, wird das Bewußtsein unseres Wertes aus einem Vertrauen zu Ihm kommen, nicht aus unserer Fähigkeit, anderen Anordnungen oder Befehle zu geben.

2. Du hast die Tendenz, ein Kontrollmißbraucher zu sein, wenn du einen oder mehrere Menschen für dich vereinnahmst; wenn du meinst, andere müßten sich mit dir „abstimmen", weil du mehr weißt als sie, oder was am besten für sie ist; wenn du nie ihr Urteil über das, was sie denken oder tun sollten, akzeptieren kannst; oder wenn du sie immer herabsetzt, weil du überzeugt bist, daß sie keine Ahnung haben.

Besitzergreifende Menschen versuchen immer, andere fühlen zu lassen, daß sie nichts wissen, völlig ungebildet und unreif sind. Besitzergreifende Kontrollierer vermitteln anderen den Eindruck, daß die einzige Möglichkeit, wie sie überleben können, ist, Rat bei ihnen zu holen und zu tun, was sie ihnen sagen.

Wenn irgendjemand ihnen gegenüber eine Meinung äußert, tun sie ihn ab und sagen: „Oh, das stimmt nicht. Du hast unrecht, ich habe recht."

Ein sicherer Hinweis darauf, daß du ein Kontrollmißbraucher bist, ist, wenn du nie andere Meinungen oder Ideen diskutieren, annehmen oder auch nur ausdrücken lassen willst. Die Stimme anderer geht dir zum einen Ohr hinein und zum andern heraus, während du „dein Ding durchziehst".

3. Du hast die Tendenz, ein Kontrollmißbraucher zu sein, wenn du anfängst, extrem eifersüchtig auf jemand zu sein, besonders, wenn diese Eifersucht deine Meinungen und dein Tun beherrscht.

Wenn z.B. die Person, die du kontrolliert hast, anfängt, mit jemand anderem zu sprechen, fühlst du dich automatisch eifersüchtig, besitzberechtigt und bedroht und willst womöglich diese Beziehung abbrechen. Du willst dich in die Unterhaltung einmischen, um sie mitzuhören!

4. Du hast eine Tendenz zum Kontrollmißbrauch, wenn du dich durch neue Beziehungen eines anderen Menschen bedroht fühlst.

Du bist ein Kontrollierer, wenn du meinst, daß deine Freundschaft und Verbindung mit einer anderen Person bedroht wird, wenn diese mit einem anderen spricht, betet, zum Essen ausgeht (außer mit dir) oder sich in irgendeiner Sache mit jemand anderem engagiert – und wäre es nur für fünf Minuten.

Denke daran: *Hingabe ist nicht Kontrolle!*

In diesem Zusammenhang geht es um Menschen in freundschaftlichen Beziehungen, nicht um Eheleute. Der Freund eines verheirateten Menschen sollte der Ehepartner sein. Ein Ehepaar hat vor den Augen Gottes und der Menschen gegenseitige Hingabe beschlossen. Eine gewisse Ausschließlichkeit ist Teil der Ehe. Dieses Thema wollen wir in einem späteren Kapitel besprechen.

5. Du neigst dazu, ein Kontrollmißbraucher zu sein, wenn du spürst, du müßtest eine andere Person vor jeglicher Erfahrung schützen.

Laß uns dieses Thema detailliert diskutieren. Wenn du empfindest, du müßtest einen Menschen vor Lebenserfahrungen abschirmen, bist du *des Tragens seiner Verantwortung* schuldig. Jedes Individuum muß für sein eigenes Verhalten verantwortlich sein. Stattdessen versucht ein Kontrollierer, den anderen vor persönlicher Verantwortung abzuschirmen, um dann den Spieß umzudrehen und böse zu werden, daß der andere nicht verantwortungsbewußter ist. Der Kontrollierer fühlt sich ausgenutzt, betrogen und mißbraucht.

Diese Art übertriebenen Beschützens kann in jeder Beziehung vorkommen, besonders zwischen Eltern und Kindern. Einen zur Reife gekommenen Menschen vor Lebenserfahrungen schützen zu wollen, ist eine *destruktive* Form der Hilfe. Die Bibel sagt, daß Weisheit und Verständnis durch Gottes Wort und Lebenserfahrungen kommen (Spr 3:13).

Erfahrungen – gute und schlechte – tun deinem Charakter gut und lassen dich in der Weisheit Gottes wandeln. Die unterschiedlichen Lebenserfahrungen, gekoppelt mit dem Wort Gottes, feilen uns und geben uns Verständnis.

Wenn du schuldig bist, jemand „abgeschirmt" zu haben von einer Erfahrung, die er gewählt hat, kann sich in demjenigen kein Charakter bilden. Es wird ein nie endender Kreislauf des Beschützens werden. Jeder wird sich schließlich frustriert und mißbraucht fühlen.

Ein Kontrollmißbraucher versucht, die Gefühle anderer zu „regeln", für sie zu denken oder ihre Probleme für sie zu lösen.

Ich spreche nicht von echtem Handeln aus Liebe und Respekt. Hier ist die Rede von einem unnatürlichen Trieb, Verantwortung für einen anderen Menschen zu übernehmen. Dieses Verhalten ist eigentlich eine Beleidigung für den anderen. Der Kontrollmißbraucher stellt fest, daß der andere inkompetent und unfähig ist, selbst eine Auswahl oder Entscheidung zu treffen.

In solchen Fällen hat diese Person den Kontrollierer nie um Hilfe gebeten. Darum wird er böse, wenn sie – augenscheinlich undankbar – ihren Weg geht.

Die meisten Kontrollmißbraucher glauben wirklich, sie helfen anderen, wenn sie sie vor Erfahrungen abschirmen. Sie halten es vielleicht sogar für grausam oder herzlos, andere in ihr Dilemma laufen zu lassen.

Viele Kontrollierer verdrehen und verzerren sogar die Schrift in bezug auf Liebe und Geben, indem sie sie auf Kontrollmißbrauch beziehen. Aber das Wort Gottes soll uns frei machen – und nicht in Gefangenschaft halten.

Jesus zog Menschen für die Erfüllung ihrer eigenen Verantwortlichkeiten zur Rechenschaft. Du siehst es in den Evangelien, wie Jesus auf diejenigen reagierte, die zu ihm kamen und Heilung, Befreiung oder irgendein anderes Wunder begehrten. Er antwortete immer auf die Nöte der Menschen, indem er ihnen Fragen stellte – denn er wußte, daß die Antwort, die sie geben würden, die wahre Natur ihrer Herzen offenbarte.

Jeder von uns muß Erfahrungen im Leben durchlaufen. Aber wir sind nicht hilflos! Jesus Christus hat uns ein Geschenk gemacht – die Auferstehungskraft des Heiligen Geistes, die in uns wohnt.

Und das ist nicht alles. Die Kraft des Heiligen Geistes in uns will uns in die Wahrheit und zum Sieg führen!

Man muß auch verstehen, daß eine kontrollierende Person ständig über andere nachdenkt und spricht. Wenn irgendetwas den Kontrollierten davon abhält, Zeit mit dem Kontrollierer zu verbringen, wird dieser die Sache bekämpfen und versuchen, sie so schnell wie möglich loszuwerden. Er wird so weit gehen und keine Kosten scheuen, um sicherzustellen, daß die Person, die er beherrscht, ihre meiste Zeit mit ihm verbringt. Das heißt es, zu *dominieren!*

Die kontrollierende Person will über den Urlaub des anderen, Verabredungen, Heirat, Beruf, Wohnungseinrichtung, Gemeindebesuch und sogar seine persönlichen Gelddinge herrschen. Sie möchte in jedem Bereich im Leben eines anderen, wenn sie nur irgend darf, dominieren.

Wenn die andere Person nicht achtgibt, kann sie derart mit dem Kontrollierer verflochten sein, daß es in extremen Fällen Jahre braucht, um von der Verbindung wieder frei zu werden.

6. Du tendierst zu mißbräuchlicher Kontrolle, wenn du in unnatürlicher Art auf Aussagen reagierst, die über den Menschen, den du beherrschst, gemacht werden.

Wenn z.B. jemand eine positive Aussage über ihn macht, wirst du sie automatisch kritisieren, um sicherzustellen, daß sich zwischen ihnen keine Freundschaft entwickelt.

Andererseits, wenn jemand eine negative Feststellung über dich, den Kontrollierenden, trifft, wirst du dich auf der Stelle mit positiven Anmerkungen, die dir gut stehen, verteidigen.

7. Du hast die Neigung zum Kontrollmißbraucher, wenn du übermäßig zu beschützen versuchst – sogar so weit, daß Gottes Geist behindert wird.

Es können z.B. Diakone oder Älteste so schutzbewußt für die Gemeinde sein, daß sie dem Pastor nicht erlauben würden, in der Salbung des Herrn zu fließen; sie würden ihm nicht helfen, das zu tun, was Gott ihm aufgetragen hat.

Ein Kontrollmißbraucher kann als einzelner so schützend für eine andere Person sein, daß er ihr nicht zugesteht, sich hinauszuwagen und selbst Gott zu erleben. Der Kontrollmißbraucher fürchtet, daß die von ihm beherrschte Person einen Fehler machen könnte; deshalb ist Angst bei jeder Entscheidung der Motivationskern. Weil Angst das Motiv für übermäßigen Schutz ist, wird positives Wachstum – ob für einzelne oder für eine Gemeinschaft – verhindert.

8. Du hast die Tendenz, ein Kontrollmißbraucher zu sein, wenn du für jemanden ohne seine Erlaubnis Pläne machst.

Ein Kontrollmißbraucher macht sogar Pläne für den anderen Menschen, ohne ihn um Erlaubnis zu bitten! Wenn der Kontrollierte den Plan nicht befolgen will, vermittelt man ihm Schuldgefühle, so daß er schließlich doch mitzieht. Er weiß, daß die Hölle los ist, wenn er es nicht tut!

Hat ein Angehöriger je bei deinen Diensten an einem bestimmten Projekt ohne deine Erlaubnis geholfen? Du wußtest, wenn du nicht zustimmst, würde in der Familie wochenlang Kriegszustand sein. Das ist Kontrolle! Viele Familien werden so kontrolliert, daß sie nie ein normales Leben genießen.

Gott hat Menschen nicht dazu bestimmt, ein unglückliches Leben unter der Herrschaft anderer zu führen, die Pläne und Entwürfe anderer für ihr Leben zu befolgen. *Für jeden Menschen ist es beabsichtigt, daß er ein eigenes Leben mit Gott führt. Wenn jemand glaubt, er hätte ein Recht, anderer Leute Leben zu beherrschen, um deren Erfolg zu sichern, ist das eine Lüge!*

9. Du hast eine Tendenz, Kontrollmißbraucher zu sein, wenn du meinst, die von dir kontrollierte Person schulde dir etwas, und du forderst es zurück.

Hier ist ein Beispiel von dieser Art Kontrolle. Vati und Mutti haben einen Jungen, Rick, der ein gutes Kind gewesen ist. Er war in keiner Weise rebellisch. Er spürt eine Berufung zum Dienst, aber als er in die Bibelschule oder das Seminar eintritt statt in die Ingenieursschule, bekommen die Eltern einen Anfall! Sie wollen für ihn „Sicherheit" im Leben.

Sie nörgeln, schreien, stören und tun grundsätzlich alles, um Rick zu bewegen, seine Meinung zu ändern, die Schule zu verlassen, in die Heimatstadt zurückzukehren und sich in die am Ort befindliche staatliche Universität einzuschreiben. (Sie möchten auch gern, daß er zuhause wohnt, – natürlich – damit sie ihn weiterhin beaufsichtigen können.) Sie bemühen ihren Glauben, daß er ihnen dieses Zugeständnis „schuldet", weil sie seine Eltern sind, die ihr Leben aufgeopfert haben, um ihn zu erziehen. Dies ist ein perfektes Beispiel von *Kontrolle gegen Berufung.*

Solche Menschen versagen darin, einzusehen, daß der Ruf von Gott im Leben eines Menschen die höchste Berufung im Leben überhaupt ist! Es gibt einen Weg, seine Eltern biblisch zu „ehren" und dennoch mit Gott voranzugehen. Er ist der Eine, dem man gehorchen muß. Rick muß nach Elisas Anweisung vorgehen, d. h.

seine Eltern respektvoll zum Abschied zu küssen und Gott zu folgen (1.Könige 19:20). Der Herr wird sich um den Rest kümmern.

Wenn du und ich unser Bestes tun, um Gottes Ruf auf unserem Leben zu folgen, wird sich schließlich alles zurechtrücken. Lerne, Gott zu vertrauen.

10. Du hast eine Tendenz, Kontrollmißbraucher zu sein, wenn du versuchst, Menschen durch Schmeicheleien zu manipulieren.

Wenn du ein Kontrollierer bist, kannst du auch die entgegengesetzte Richtung einschlagen. Man kann Menschen mit Worten so niedermachen, daß sie denken, man würde „untreu" auf ihre Stirn schreiben, wenn sie nicht tun, was man gesagt hat. Oder du kannst Leuten mit süßen Worten so schmeicheln, daß sie sich in deine Wünsche und Begehren einfügen.

Dies ist die Art, wie manche Dienste wachsen. Der Prediger manipuliert die Menschen nicht nur durch Schmeicheleien, sondern zieht auf die gleiche Weise auch Geld von ihnen! Er „bläst sie auf", indem er ihnen sagt, wie sehr Gott und er sie lieben.

Dennoch würden solche Leute nicht dem Mädchen helfen, das eine Abtreibung hatte. Sie würden einen homosexuellen Dämon nicht aus jemandem austreiben. Sie würden den von AIDS-Gequälten nicht dienen. Sie hätten nicht gern verschiedene Nationalitäten oder Rassen in ihren Versammlungen. Sie weigern sich, bestimmte Typen in ihren Gemeinden aufzunehmen, weil sie nicht „nett aussehen".

Geistliche müssen vorsichtig sein und dürfen einander nicht schmeicheln, um Sprecher zu bekommen, die sie in ihren Wünschen und Nöten unterstützen. Wir dürfen nie vergessen, daß Gott es ist, der erhöht, und daß Gott es ist, der erniedrigt.

In der erweiterten Bibelversion (Ampl.) heißt es in Daniel 11:32 von dem Antichristen:

„Und solche, die dem Bund Gewalt antun, wird er zum Treuebruch verleiten und mit Schmeichelworten verführen…"

Wir haben mit Gott einen Bund bezüglich des Planes und Ziels für unser Leben. Wer Gott nicht als die einzige Quelle und Sicherheit anerkennt, wird Schmeichelei zum Opfer fallen.

Aber die frohe Botschaft ist, daß dieser Vers weitergeht!

„…aber die Menschen, die ihren Gott kennen, werden sich stark erweisen und fest stehen und Heldentaten vollbringen…"

Ob als Gläubiger oder als Leiter – deine persönliche Sicherheit sollte auf Gott und auf Gott allein beruhen. Sicher im Herrn zu sein, wird deine Beziehungen bereichern. Ein Dienst wird nie wachsen, wenn nicht Gott seine Sicherheit, sein Grund und seine Quelle ist.

Wir müssen mit gebeugtem Angesicht vor Gott liegen und zu Ihm schreien. Wir dürfen uns nicht fürchten, zum Herrn zu gehen und Ihm unsere Sorgen und Nöte zu übergeben. Im Gegenzug will Er uns mit Seiner Stärke erfüllen. „Alles von uns" Gott zu geben heißt einfach: Jeden Teil von uns Ihm auszuliefern, und dann *dort bei Ihm zu lassen* in dem Vertrauen, daß Er es für uns regelt.

„Treu ist, der euch beruft; er wird es auch tun." (1. Thess 5:24)

Das ist es, weshalb wir uns Gott übereignen. Das „Selbst" kann nicht unsere Quelle oder unser Trost sein. Darum sagen wir: „Es kommt nicht etwas von uns selbst und etwas von Gott; *es kommt nichts von uns selbst, sondern alles von Gott!"*

Kapitel 9

Kontrolle durch Eltern

In den nächsten Kapiteln wollen wir die hauptsächlichen „heißen Eisen" von Kontrolle besprechen. Wir wollen die negativen und positiven Aspekte von Kontrolle in diesen lebenswichtigen Bereichen prüfen.

Wie wir gesehen haben, versuchen die beherrschenden Geister oft eher durch die nächsten Mitmenschen – sogar Familienangehörige – als durch Fremde zu wirken.

Wir müssen aufpassen, daß die normale Aufsicht in einer Familiensituation – die natürliche Kontrolle, die die Bibel Eltern für ihre Kinder überträgt – nicht unnatürlich und mißbraucht wird.

Erwachsene können in einer Familie bewußt oder unbewußt die Fähigkeit eines jungen Menschen zum Erfolg im Leben begrenzen. Das passiert durch negative, ängstliche oder sogar unbiblische Haltungen oder „Gewohnheiten".

In 1. Timotheus 1:4 stellt Paulus fest, daß „endlose Geschlechtsregister" vermieden werden sollten. Wenn etwas vermieden werden soll, dann deshalb, weil es schädlich ist.

Gemäß der Strong-Konkordanz wird das griechische, mit *„Geschlechtsregister"* übersetzte Wort in diesem Vers zum Teil von einem Wortstamm hergeleitet, der sich auf „etwas, *das gesagt wurde,... Erörterung,...* oder *Beweggrund*" bezieht.

„Endlose Geschlechtsregister" können Gebundenheiten aufgrund von Begrenzungen sein, ererbt von Familienmitgliedern oder weitergereicht durch Familienphilosophie oder -tradition. Oft kommt eine Antwort oder Reaktion, die von Geistern der Armut, Furcht oder Bitterkeit geprägt ist. Diese motivierenden Geister wollen in der Familie Kontrollmißbrauch verursachen, um sie zu beherrschen. Manchmal generationenlang! Um in der Fülle, die Gott für jeden von uns hat, Erfolg zu haben, müssen wir diese kontrollierenden Geister brechen und ihre Auswirkungen auf uns aufheben.

Hier einige Beispiele für Antworten, die von kontrollierenden Geistern motiviert sind:

1. Nein, in dieser Familie wird niemand jemals ein neues Auto kaufen, nur einen Gebrauchtwagen.

2. Niemand aus dieser Familie wird je unsere Gemeinde oder Denomination verlassen, weil unser Großvater sie mitaufgebaut hat.

3. Keiner aus dieser Familie heiratet ohne die Billigung der anderen Familienmitglieder; keiner erlaubt sich, dem eigenen Herzen in diesen Angelegenheiten zu folgen.

Jede Familie hat ihre „schwachen Punkte", ganz gleich, wie geistlich sie auf anderen Gebieten erscheinen mag. Wir müssen diese Punkte in unseren Familien entdecken und sie in Jesu Namen in die Stärke Gottes umwandeln.

„Endlose Geschlechtsregister" werden oft die Kontrollfaktoren, wie Leute leben und ihre Kinder unterweisen. Jedoch sollten christliche Ehepaare ihre Kinder nicht in dieser Art erziehen. Gläubige müssen sich von diesen gottlosen Hindernissen und Begrenzungen lösen und ihre Kinder im Sieg und der Ebenbildlichkeit Christi unterweisen!

Eure Kinder *zu unterweisen*, ist eure Verantwortung und eure Verpflichtung ihnen gegenüber. Das heißt, ihnen vorzuleben, sie zu lehren und ihrem Leben durch Wort und Beispiel eine Richtung zu geben. Unterweisung ist keine dämpfende, übermäßig „schützende", furchtsame Kontrolle.

Eine Zeit für Eltern, loszulassen

Der Schreiber des Buches der Prediger sagt, daß es für alles unter der Sonne eine Zeit gibt (Pred 3:1). *Das heißt, wenn Kinder erwachsen werden und einen Lebenspartner wählen, ist es für Eltern Zeit, sie loszulassen und ihre Ehe zu respektieren!*

Wenn Eltern sich weigern, das zu tun, gibt es große Probleme. Wenn Eltern die Jungverheirateten besuchen und ihnen vorschreiben, was sie tun oder lassen sollen, macht das Probleme. Wenn Enkel geboren werden und die Großeltern anfangen, den Eltern zu sagen, wie sie ihre Kinder erziehen müssen, gibt es nur noch mehr Probleme.

Wenn ein Ehepaar die Eltern oder Schwiegereltern um Rat bittet, sollte er gegeben werden. Aber wenn Rat nicht gesucht wird, sollten die Eltern still sein und beten! Leider können manche Eltern nicht abwarten, bis sie aufgesucht werden; sie mischen einfach mit und schreiben ihren Kindern vor, wie sie zu leben haben.

Elterliche Einmischung verursacht Spannung in Ehen, und so fangen manche Eheprobleme an.

Das Tragische ist, daß manche Ehen diesen Eingriff nicht überleben, weil einer der Partner außerstande ist, die elterliche Kontrolle in seinem Leben zu brechen.

Es ist traurig, sagen zu müssen, daß manche Scheidungen eigentlich auf die Einmischung von Eltern zurückgehen!

Ich sage nicht, daß alle Schwiegereltern potentielle Problemauslöser sind. Aber Schwiegereltern, die versuchen, ihre Kinder zu beherrschen, verursachen in der Tat Probleme. Die am meisten verbreiteten „Schwieger-Probleme" findet man bei kontrollierenden Eltern, die Sohn oder Tochter nicht loslassen wollen. Diese Menschen mißtrauen ihrer eigenen Kindererziehung.

Es ist wahr, daß solche Eltern aufrichtig auf eine ordentliche Ausbildung und Erziehung ihrer Sprößlinge bedacht sind; *das Problem ist, daß ihr Sinn für Sicherheit und Selbstwert mehr in ihrem Sohn oder in ihrer Tochter liegt, als auf ihrer Beziehung mit dem lebendigen Gott.*

Wenn das Kind nun weg ist und sein eigenes Leben lebt, müssen sich die Eltern dem stellen und sich vergegenwärtigen, daß ihre Quelle der Sicherheit, das Kind, nun verloren ist – und sie wissen nicht, was sie machen sollen. Sie sind nicht mehr dauernd um es herum und können sein Tun nicht mehr beobachten und kontrollieren. Sie leben in einer solchen Unsicherheit, daß sie schier wahnsinnig werden!

Eltern, wenn eure Kinder heiraten, gebt sie für Gott frei. Seht die Situation realistisch. Als ihr anfangs verheiratet wart, mußtet ihr herausfinden, wie ihr leben und es zusammen als Familie schaffen würdet. Ihr traft beide richtige und falsche Entscheidungen. Ihr hattet holperige und ebene Wege. Ihr gabt Geld vernünftig und manchmal töricht aus. Als die Romanze aus der Ehe zu verschwinden schien, bliebt ihr durch die Verpflichtung zusammen, bis die Romanze wieder aufstrahlte. Ihr mußtet miteinander entdecken, wie man eine starke Einheit aufbaut und sie „Familie" nennt.

Gebt euren Kindern die Freiheit, *selbst mit ihrem Ehepartner* das Leben zu entdecken. Wenn sie euch um Beratung aufsuchen, gebt sie ihnen. Aber danach laßt sie in Ruhe mit ihren Partnern ihre Entscheidungen treffen. Laßt ihnen als Erwachsenen die Verantwortung für ihr eigenes Leben.

Wenn ihr eure Kinder nach dem Wort Gottes erzogen habt, seid nicht *ihr* ihre Grundlage, sondern Gott! Und in dieser Tatsache könnt ihr ruhen.

Betrachtet diese Zeit in eurem Leben als einen frischen, neuen Anfang von Genuß für euch und euren Partner. Es ist nie zu spät, Sicherheit in Gott zu entwickeln und ein neues Abenteuer im Leben anzufangen. Es wird Arbeit bedeuten, weil so viel in eurer Ehe sich um die Kinder gedreht hat, aber ihr könnt es schaffen.

Laßt euch vom Heiligen Geist zeigen, wie ihr für die Ehe eurer Kinder beten und ihnen eine Stütze sein könnt. Die vor euch liegenden Tage können die besten eures Lebens werden, wenn ihr euch richtig entscheidet, nämlich „zu lieben, loszulassen und zu leben".

Kapitel 10

Kontrolle durch Ehepartner

Ein anmaßender Ehemann zerstört das Leben seiner Frau und seiner Kinder. Eine anmaßende Ehefrau zerstört das Leben ihres Mannes und ihrer Kinder.

Darum verlassen so viele Kinder, sobald sie 16 Jahre geworden sind, ihr Zuhause – oder noch eher! Wenn Eltern ihren Kindern nicht Raum geben, auch außerhalb der elterlichen Autorität Freude zu erleben – wenn Jugendliche nicht leben können ohne die ständigen Liebkosungen der Eltern – wird es in der Familie Probleme geben.

Nein, ich meine nicht, daß man Kindern alles erlauben sollte, was sie wollen! Diese Botschaft muß man im Geist verstehen, um die richtige Balance im Leben aufzurichten. Menschen, die diese Ausgeglichenheit in ihrem Leben nicht haben, gleiten in Irrtümer von Fleischlichkeit oder Supergeistlichkeit ab.

„Füg' dich, füg' dich, füg' dich!"

Manche Ehemänner, die in ihrem Leben keine geistliche Balance haben, machen ihre Frauen zu überdrüssigen, zerschlagenen „Niemanden". Es ist nicht begeisternd, mit einer „Fußmatte" zu leben.

Die meisten von diesen Frauen waren nicht so, als ihre Ehemänner sie kennenlernten. Aber weil ihre Gefährten sie immer anschrien: „Füg' dich, füg' dich, füg' dich!", taten sie es schließlich. Unentwegte Forderungen und Kontrollmißbrauch, die sie so lange ertragen mußten, brachten sie zuletzt an den Punkt, wo sie nun kaum noch existieren.

Dies ist bestimmt *nicht* Gottes Plan für die Ehe. Es gibt alles Mögliche an Unsicherheiten, was einen Ehemann dazu bringen kann, seine Frau derart zu beherrschen.

Manche von diesen gekränkten, verletzten Ehefrauen beschlossen, sich selbst schützen zu müssen; so wurden sie in die feministische Bewegung verwickelt. Manche traten ihr bei wegen der ignoranten, unsensiblen Ehemänner, die sie immer nur anschrien: „Füg' dich, füg' dich, füg' dich!"

Andererseits sind manche Frauen einfach ebenso eigennützig und egozentrisch wie diese Männer. Ich lernte einmal die Frau eines Pastors kennen, die nichts anderes tat als alkoholfreie Getränke zu konsumieren und Seifenopern anzusehen. Sie bereitete den Kindern kein Frühstück, brachte sie nicht auf den Weg zur Schule oder unterzog sich irgendeiner Mühe, das Haus sauberzuhalten. Sie glaubte nicht, daß auch nur eins davon ihre Aufgabe wäre.

Wenn ein Ehemann und seine Frau zusammen im Geist fließen, gibt es die Frage „Was ist wessen Job?" gar nicht. Wo in einer Ehe Liebe ist, ist gegenseitige Rücksicht. Die Ehepartner sind nicht egoistisch, sie helfen einander.

Mißbrauchte Kontrolle und Herrschsucht bewirken den Verlust der Menschenwürde. In einer solchen Ehe wird der beherrschte Partner zum „Hilfs-Gefährten" oder zum „Sklaven-Genossen". Das muß aufhören!

Es gibt eine echte, biblische Haltung der Unterordnung auf seiten der Ehefrau dem Ehemann gegenüber. Diese Art Unterordnung ist von Gott und gleicht nicht der Forderung eines selbstsüchtigen, anmaßenden Kumpans.

Ich habe viele Frauen getroffen, die nichts tun konnten, sofern ihre Ehemänner es nicht billigten. Sie leben konstant in der Furcht, ihre Partner böse zu machen. Solche Frauen haben Angst, ohne Erlaubnis zu atmen. Sie existieren in einem engen Kreis, der auf die Dinge beschränkt ist, die die Ehemänner ihnen zu tun erlauben. Alles, was diese Frauen sagen können, ist: „Was du willst, Liebling?" Das ist nicht untergeordnet sein, das heißt es, ein Roboter zu sein!

Diese Art Abhängigkeitsverhältnis ist erdrückend und unnatürlich. Es basiert auf Unsicherheit und birgt in sich die Gefahr der Zerstörung. Zuviel Abhängigkeit treibt einen Menschen weg. Niemand kann seine Position oder Sicherheit schützen durch übertriebene Abhängigkeit. Wir Menschen sind gemacht, um Leben auszudrücken und die Absicht des Schöpfers auf der Erde zu erfüllen. Alles, was diesen „Lebensstrom" behindert, wird sich schließlich selbst zerstören.

Erinnern wir uns: Gott ist unsere Quelle und unser Trost in jedem Lebensbereich. Jede gedeihende Beziehung stammt aus dieser Offenbarung in uns.

Portrait eines Kontroll-Opfers

Vor einigen Jahren diente ich in einer Gemeinde, die mich zum Predigen eingeladen hatte. Ich lernte eine Frau kennen, die leider ein vollkommenes Beispiel eines Kontroll-Opfers war.

Vor dem Gottesdienst an jenem Abend saß ich an meinem Büchertisch hinten in der Gemeinde, weil ich gern mit Leuten rede.

Als ich da saß, beobachtete ich, wie diese Frau in das Gebäude kam. Sie schob drei rüpelhafte Kinder von weniger als fünf Jahren wie eine Gänseherde vor sich her. Sie waren einfach kleine Kinder mit all der Energie und Unbeherrschtheit ihres Alters. Sie taten alles zugleich: Schreien, rufen, lachen und weinen – „volles Programm"! Es bedarf beider Elternteile, um wenigstens zu versuchen, so viele junge Energiebündel zu sichern, und diese Frau versuchte es allein.

Dann sah ich, wie die Tür sich hinter einem Mann mit finsterem Gesichtsausdruck schloß. Was ich sah, schockierte mich im Geist. Ich dachte bei mir: „Mit diesem Mann stimmt etwas nicht. Vielleicht ist er bedrückt."

Die Frau hatte wirklich alle Hände voll zu tun; so ging ich den Gang hinunter und half ihr, den Kindern die Mäntel abzunehmen. Sie wußte nicht, daß ich der Gastprediger war.

„Ich überlege, wo mein Mann ist", sagte sie mit angestrengtem Gesichtsausdruck, „Oh, da ist er."

Rate, wer der Ehemann war. Er, der durch die Tür gekommen war und in meinem Geist etwas wie eine Alarmglocke in Gang gesetzt hatte: *„Es ist etwas verkehrt mit ihm...es ist was verkehrt...es ist etwas verkehrt..."*

Der Mann hatte seinen Platz schon gefunden. Er stand nicht einmal auf, um seiner Familie in die Sitzreihe zu helfen. Er zog nur gerade die Knie ein, damit sie sich zu ihren Plätzen hindurchdrängeln konnten. Währenddessen „verschwand" eins der Kinder und rannte den Gang hinunter. Ich hob das Kind auf, plumpste es ihm auf den Schoß und sagte: „Hier ist ihr Kind."

Dabei bemerkte ich, daß weder die Frau noch die Kinder besonders gut angezogen waren, aber der Mann trug einen schönen Anzug.

Kontrollierer lassen sich gern bedienen

Kontrollierer versuchen, sich wie Gott zu benehmen, weil *kontrollierende Geister die Menschen ihren selbstsüchtigen Bedürf-*

nissen und Wünschen dienen lassen. Kontrollierer sind nie rücksichtsvoll gegen andere. Dies einzusehen, ist für einen Kontrollierer am allerschwierigsten, weil er in seinen eigenen Augen so wunderbar und richtig ist. Er meint, er liebt jedermann, weil jedermann *ihm* dient. Diese Idee ist natürlich völlig falsch.

An dem Abend predigte ich über Kontrolle, und um ganz ehrlich zu sein, ich predigte direkt für diesen Mann.

Nach einer Zeit der Anbetung kam die Frau nach vorne und stellte sich in die Gebetsreihe. Als ich ihr die Hände auflegte und anfing, für sie zu beten, spürte ich eine „Reaktion" von ihrem Mann, obwohl er noch hinten in der Versammlung saß. Ich zog meine Hände von ihr zurück.

„Heute abend haben wir einen Großen hier", dachte ich. „Dieser hier ist ein Ober-Kontrollgeist."

Dann legte ich meine Hände wieder auf den Kopf der Frau, und diesmal war ich entschlossen, nicht zu weichen, weil ich wußte, daß sie frei werden wollte.

„Ich brauche Ihre Hilfe", flüsterte sie mir zu. „Sie sind der erste Prediger, der mir bewußt macht, worin ich stecke. Ich dachte, mein Mann und ich lebten so, wie man leben sollte. Aber dann sah ich, daß die Ehen von anderen Paaren so anders sind als unsere."

Diese Frau sprach nicht über materielle Dinge. Sie bezog sich auf die normale Wechselwirkung zwischen Ehemann und Ehefrau: Einander lieben, sich bei den Händen halten, miteinander für die Kinder sorgen – das Leben miteinander genießen. Darum heiraten Menschen.

Während ich für sie betete, kam sie in den Geist und fing an, frei zu werden. Ihr Gesicht begann zu leuchten. Aber dann traf etwas ihre Seele wie ein Schock! Es war der Kontrollgeist ihres Mannes, der reagierte.

„Regen Sie sich nicht auf", sagte ich ihr, „fließen Sie einfach mit dem Geist. Gott sagt, Er möchte, daß Sie frei sind."

Es brauchte fast eine halbe Stunde, ehe sie imstande war, ihre Freiheit im Geist zu halten. Durch die Salbung von Gott im Gebet wurde sie fähig, ihren Wert als Person zu sehen. Mit dem Wort Gottes und schriftgemäßer Seelsorge durch ihre Gemeinde wurde die Ehe dieses Paares schließlich heil.

Leiter sollten sich mit Kontrollierern auseinandersetzen

Die Leiter jener Gemeinde hätten sich mit dem Problem eher befassen müssen. Wir sind Brüder und Schwestern in Christus, und wenn es unter uns eine so schlimme Situation wie diese gibt, die immer weitergeht, sollten die Ältesten und Diakone dem Pastor helfen, sie zu konfrontieren und Freiheit und Frieden wiederherstellen bei denen, die davon betroffen sind. Das ist Teil ihrer Aufgabe.

Wenn du gezwungen bist, dich mit einer Situation wie dieser auseinanderzusetzen, kündige es nicht an – tu' es einfach! Der kontrollierende Teil – Ehemann oder -frau – mag zwar anfänglich gewalttätig reagieren (jeder böse Geist „bläht sich auf", wenn man ihm direkt entgegentritt), aber geh' in Liebe und Festigkeit mit dem Problem um – in der Kraft des Heiligen Geistes.

Kapitel 11

Kontrolle durch Geld

Ebenso wie Kontrolle am häufigsten durch die *Leute* wirkt, die dem Opfer am nächsten sind, so kann sie auch durch eine *Sache* wirken, die dem Kontrollierten sehr nahe ist. Das Sprichwort ist wahr: „Wenn Gott dein Herz hat, hat er auch dein Geld." Wir müssen sicher sein, daß *wir* unser Geld dirigieren; wir dürfen nicht zulassen, daß Geld uns regiert oder diktiert.

Ein anderes Sprichwort sagt: „Wer bezahlt, gibt den Ton an." Auch in dieser Feststellung steckt viel Wahrheit.

Eine ganze Menge Menschen wird es schaffen, dich im Laufe deines Lebens durch Geld zu kontrollieren.

Es fing an, als du Kind warst. Deine Eltern unternahmen gewisse Anstrengungen, dein Betragen u.a. durch Taschengeld zu kontrollieren. Vielleicht erwartete man von dir, daß du für ein Taschengeld bestimmte Aufgaben im Haus, im Garten, oder auf dem Bauernhof, falls du auf dem Lande gelebt hast, wahrnahmst.

Später im Leben übten deine Vorgesetzten starke Kontrolle über dein Verhalten und berufliches Erscheinungsbild durch dein Gehalt aus. Diese Kontrolle durch Geld ist normal, wenn sie nicht in irgendeiner Weise ausartet.

Eltern – besonders wohlmeinende Eltern – benutzen auch Geld als Mittel, ihre erwachsenen Kinder zu beherrschen. Auch Ehepartner benutzen Geld als Einflußmittel – besonders zur Zeit, da es fast üblich geworden ist, daß beide Ehepartner arbeiten.

Ein weiterer kontrollierender Einfluß, der dir nie passieren sollte, sind *Schulden.* Verschuldet zu sein, bedeutet in einem bestimmten Umfang, unter der Kontrolle anderer zu stehen. Schulden können den Pegel der Freude und Tatkraft im Leben beeinträchtigen – und der Druck von Schulden kann Ehen zugrunde richten!

Wir müssen wachsam sein in bezug auf Schulden, daß sie uns nicht aufzehren. Schulden sind eine „schleichende" Behinderung. Sie können auf uns „kriechen" und unser Leben ruinieren, wenn wir in der Hinsicht unweise sind. Satan kann dieses Mittel benutzen, um die Gemeinde zu binden und uns am Unterstützen zu hindern und daran, in das weltweite Werk Gottes zu geben. Wir müssen gegen dieses Übel auf der Hut sein, weil wir das Evangelium auf Erden finanzieren sollen.

In dieser Zeit einer wackeligen Wirtschaft müssen wir ganz und gar nach Gottes Gesetzen von Geben und Nehmen handeln (Luk 6:38; Mal 3:10). Sei in deinen finanziellen und geschäftlichen Transaktionen weise, damit du und deine Familie das Leben auf Gottes wunderbarer Erde ohne Einschränkungen (wegen überwältigender Schulden) genießen könnt.

Kontrolle durch Geld in der Gemeinde

Die oben erwähnten Beispiele finanzieller Kontrolle sind alltäglich und viel diskutiert. Wir wollen jedoch eine völlig andere Art der Kontrolle durch Geld betrachten – wie sie sich auf die Ortsgemeinde auswirkt.

Leider gibt es eine Menge prominente Gemeindeglieder, die wirklich durch ihr Geld „in Kontrolle" gekommen sind. Irgendwie denken sie, daß sie ein Recht haben, Anordnungen zu treffen, weil sie hohe Zehnte und Opfer geben. Wenn nicht jeder exakt nach ihren Wünschen handelt, reagieren sie.

Wenn der Pastor zwei Minuten nach zwölf Uhr noch predigt, können sie androhen, ihre Opfer zu reduzieren oder zurückzuhalten. Wenn der Pastor nicht stark und wenn seine Sicherheit im Geld ist, kann er schnell unter dieser Art von finanziellem Druck zusammenbrechen und allem zustimmen, was von ihm gefordert wird – ohne vorher zu beten und die Situation mit dem Herrn zu besprechen – nur damit die große Zuwendung weiterhin hereinkommt! Solch ein Pastor verläßt sich mehr auf das Fleisch als auf Gott.

Geld ist nicht das Haupt der Gemeinde – *Jesus Christus ist das Haupt der Gemeinde!*

Diese Prominenten müssen lernen, daß man Geld nicht in die Gemeinde gibt, um Macht und Ansehen zu kaufen: Geld wird Gott als Ausdruck der *Liebe* gegeben.

Gott Geld zu geben sollte ein etablierter Lebensstil des Glaubenden sein.

Geben ist ein Mittel, Gott unsere Einsicht zu zeigen, daß Ihm alles gehört und daß Er uns und unserem Haushalt gute Dinge gegeben hat. Wir beten Gott mit unserem Geld an, weil es etwas repräsentiert – völlige Hingabe unseres Lebens an Ihn. Wenn wir unser Geld geben, zeigt das Gott, dem Himmel und dem Teufel, wer unsere Quelle ist. Geld ist ein Mittel, unseren Teil des Bundes zwischen uns und Gott zu erfüllen und zu demonstrieren, daß Er es ist, nicht wir, der uns die Macht gegeben hat, zu Reichtum zu kommen (5. Mose 8:18).

Nun magst du denken: „Gott hat mir mein Geld nicht gegeben, ich habe selbst schwer dafür gearbeitet." Gott gab dir den Atem zum Leben, damit du aufstehen und an die Arbeit gehen kannst. Er gab dir die Kraft, dich zu bewegen und das Gehirn, um kreativ zu denken. Wenn Er nicht wäre, könntest du gar nicht zur Arbeit gehen!

Im Geldgeben an Gott liegt eine ganze Welt der Offenbarung. Bitte den Heiligen Geist, dich den Lebensstil „Gott zu geben" zu lehren. Such' dir die Schriftstellen über Geben und Zehnten aus dem Wort Gottes im Alten und Neuen Testament heraus. Studiere sie und denk' über sie nach, bis sie dir Offenbarung und Lebenssstil werden. Gott ist weder in einer Kiste hilflos eingeschlossen noch ist Er ein strenger Zuchtmeister, wenn es um Geben geht.

Ein bestimmtes Ehepaar war so schrecklich in Schulden geraten, daß es außerstande war, den Zehnten zu geben und weiterhin auf einer normalen Basis zu leben. Sie hätten auch nicht eine einzige Rechnung unbezahlt lassen können, ohne ihre Zukunft zunichte zu machen. Was trug also der Heilige Geist ihnen auf? *Fangt an, den Zehnten zu verzehnten!*

Dieses Ehepaar wollte so verzweifelt gern im Bereich des Gebens wiederhergestellt werden, daß sie anfingen, einen kleinen Prozentsatz von dem, was ihr normaler Zehnter gewesen wäre, zu geben. Sie säten ihr Saatgut auf ihre finanzielle Wiederherstellung hin! Als Ergebnis geben sie ihrer Gemeinde jetzt mehr, über den von Gott verlangten Betrag hinaus.

Geld und Schulden dürfen dich nicht kontrollieren. Es gibt durch den Heiligen Geist immer einen Weg zur Gesundung.

Als ich anfing, diese Botschaft zu predigen, fingen die als Geldkontrollierer aktiven Leute *sofort* an zu reagieren! Laß dich nicht von solchen Menschen belästigen oder hindern. Erlaube nicht, daß Geld dich kontrolliert. Sei frei in deinem Geben, damit du in deinem Sinn frei sein kannst. Wenn du siehst, wie Gott deine Finanzen segnen kann, wird dein Glaube wachsen.

Kontrolle behindert den Fluß des Geistes

Ein Prinzip, in welchem Gott mich zu Anfang meines Dienstes sorgfältig trainierte, ist, nicht davon abhängig zu sein, ob Menschen geben, um die Kosten meines Dienstes zu decken.

Daß manche Prediger abhängig sind vom Geben der Menschen, ist sehr häufig ein Problem in der modernen Gemeinde. Sie werden so von Geld beherrscht, daß sie den echten Fluß des Geistes verlieren!

Dies ist einer der Gründe, warum manche Versammlungen nicht mit Gott vorangehen. Ein paar Leute mit kontrollierendem Geist betreiben die Dinge der Gemeinde, und der Pastor will sie nicht verlieren, weil sie in der Stadt Einfluß haben. Jedoch wird ihre Kontrolle, falls sich das nicht ändert, die Bewegung Gottes in der Gemeinde stoppen!

Pastoren haben ein Bedürfnis, gemocht zu werden. Jeder Mensch und jeder Geistliche und besonders Pastoren haben das Verlangen, weil sie zwischen die Leute „gepflanzt" sind, denen sie dienen. Anders als der reisende Evangelist, können sie nicht durch die Stadt kommen, ihre Predigt herausposaunen und am nächsten Tag weiterreisen! Wenn ein Pastor nicht sicher in Gott ist, wird er Botschaften predigen, die der Herr ihm nicht für die Gläubigen aufgetragen hat, weil er ganz einfach die einflußreichen, Gutestuenden Mitglieder seiner Versammlung nicht brüskieren will. Gott weist Seine Diener nicht an, Predigten zu halten, die den Leuten „gut gefallen".

Als Geistliche müssen wir das frische Wort des Herrn predigen, und nicht immer ist es das, was die Leute hören wollen! Eine große Gemeinde zu haben, ist eine Sache, aber Kompromisse einzugehen, um eine solche zu haben, erzeugt eine große, stagnierende Gemeinde ohne die Kraft und Herrlichkeit Gottes.

Ein Geistlicher muß sich vergegenwärtigen, daß Gott seine Quelle ist und nicht eine Person mit Geld. Wenn du als Diener Gottes von jemandem mit Geld in der Gemeinde kontrolliert wirst, mußt du folgendes tun: Gib das Geld zurück und sag' zu denen, die versuchten, dich damit zu beherrschen: „Hier ist dein Geld. Gott ist meine Quelle. Wenn dein Motiv zum Geben nicht ist, Gott und Seine Gemeinde mit deinem Geld zu segnen, geh' woanders hin, wo du tun kannst, was du willst."

Und das wird dieser Mensch tun – er wird für eine Weile der Gemeinde fernbleiben. Vielleicht wird er nicht einmal mit dir sprechen, aber falls er's tut, wird er etwa das sagen: „Was glaubst du, wer du bist – kommst daher in unsere Stadt? Ich war hier, lange bevor du hereingewählt wurdest, Pastor!"

Hier ist etwas Wichtiges, woran man sich erinnern muß: *Pastoren werden nicht gewählt, Gott setzt sie in die Gemeinde ein.*

Darüberhinaus ist der Pastor, nicht die Herde, der Unterhirte dieser Gemeinde. Die Ältesten und Diakone sollen den Pastor beraten, ihm zu bedenken geben und ihn physisch und geistlich unterstützen, aber der Pastor ist nicht verpflichtet, diesen Rat zu befolgen, falls der Geist Gottes ihn anders führt.

Geld einsetzen, um den Prediger zu kontrollieren

Ich hatte mit einem dieser beherrschenden Typen mal ein interessantes Erlebnis. Er bot mir Geld an, wenn ich aufstehen und widerrufen würde, was ich soeben über das Entfernen stolzer Mitglieder aus der Gemeindeleitung gepredigt hatte! Ich hatte gesagt: „Wenn ein Diakon oder Ältester nicht mit dem Geist Gottes fließen kann, sollte er aus dem Amt entlassen werden."

Nachdem dieser Mann mir das Schmiergeld angeboten hatte, erwiderte ich: „Ich werde das Gesagte nicht widerrufen, weil es richtig war. Aber das Geld könntest du mir trotzdem geben."

Das tat er nicht. Später fand ich heraus, daß er das Gemeindeproblem war!

Dieser Mann verlangte von mir, die gesalbte Aussage zurückzunehmen, die Menschen von ihren Sünden überführte. *Er wollte sehen, ob er mich manipulieren könnte.*

Manchmal kommen Menschen nach einem Gottesdienst zu mir und beschweren sich und möchten, daß ich irgendwas widerrufe, das ich gesagt habe. Wenn ich wegen etwas unrecht habe, bin ich bereit, mich zu entschuldigen. Wenn ich etwas gesagt habe, das nicht richtig ist, kann ich meine Behauptung zurücknehmen. Von der Salbung werde ich jedoch keinen Rückzieher machen und ich werde mich nicht entschuldigen, wenn ich recht habe.

Wenn du dich für etwas unter der Salbung von dir Gesagtes entschuldigst, schwächt das deine Salbung und Vollmacht. Es bewirkt, daß du auf deinem Standpunkt und in der Kraft schwankst. Wahrheit ist Wahrheit. Wenn du für die Wahrheit einstehst, wirst du richtig mit Gott und richtig mit Menschen stehen.

Kapitel 12

Wie man frei von Kontrolle wird

Es gibt Freiheit für diejenigen, die durch Kontrolle gebunden sind. Ob du der Kontrollierer oder die kontrollierte Person bist – du *kannst* befreit werden!

Ungeachtet des Grades an Kontrolle, unter der du bist, mußt du frei werden, weil du kein glückliches, normales Leben führen kannst, solange du von jemand anderem kontrolliert wirst.

Wie bricht man die Macht der Kontrolle? Du mußt deine Gewohnheit unnatürlicher Erwartungen anderen gegenüber brechen. Du mußt die Macht der Angst über dir in Jesu Namen brechen.

Schritte auf die Freiheit zu

Wenn du von jemand anderem beherrscht wirst, sind hier einige Schritte, die du tun kannst, um dich aus der Situation zu befreien:

1. Erkenne, daß du kontrolliert wirst.

Laß uns ein paar Möglichkeiten untersuchen, wie du wissen kannst, ob du von einer anderen Person kontrolliert wirst.

In ihrer Nähe bist du nicht du selbst. Du fühlst dich eingeschüchtert und zunehmend unbehaglich in ihrer Anwesenheit. Du wünschst dir, eure Beziehung wäre glücklich und frei wie andere, die du siehst.

Du fühlst dich unsicher und fehl am Platz, wenn du allein etwas Neues zu tun versuchst. Deine Hoffnungen können völlig erschlagen werden; dein Sinn wird verwirrt und unbeständig, wenn die andere Person nur eine negative Bemerkung macht, wie z.B.: „Ich glaube nicht, daß du das kannst." Du fühlst dich verpflichtet, Zeit mit ihr zu verbringen, obwohl sie deine Pläne und deinen Lebensssstil nicht berücksichtigt.

Sobald du von einem vergnüglichen Ausflug mit Freunden oder Bekannten zurückkehrst, fühlt sich die andere Person bedroht und greift dich an, weil sie nicht eingeladen war. Sie mag ihren Angriff sogar „vergeistlichen", indem sie sagt: „Ich war im Geist und weiß, was vorging, als du weg warst." Oder sie listet dir Dinge über dich auf, die nicht wahr sind; und wenn du nicht aufpaßt, stimmst du schließlich damit überein.

Wenn du zwischen zwei Meinungen – ihrer und deiner – hin- und hergerissen bist, fühlst du dich verpflichtet zuzustimmen. Du verlierst deine Menschenwürde bis an den Punkt, wo du in deinem Aussehen nachlässig wirst und dein starkes Verlangen, im Leben erfolgreich zu sein, verlierst. Du siehst träge und erschöpft aus und fühlst dich auch so.

2. Erkenne, wie jener Mensch dich kontrolliert.

Ist es durch Angst, Schuld, Verpflichtung, Zorn, Tränen, Frustration, Verwirrung oder irgendeins von den anderen Dingen, die wir besprochen haben? Was es auch sein mag, finde es und brich die Macht, die es über dich hat, im Namen Jesu. Setz die Schriftstellen ein, die dich gegen diese negativen Einflüsse stärken. Sprich sie immer wieder laut aus, bis sie Teil von dir werden. Wenn der kontrollierende Angriff kommt, wirst du imstande sein, durch das Wort Gottes zum Gegenangriff überzugehen.

3. Bestimme die Korrektur, die du in deinen Gedankenmustern und Aktionen brauchst, und wende sie an, um die Kontrolle, die dein Leben dominiert, zu beenden.

Wenn du z.B. durch Schweigen beherrscht wirst, lerne es, darauf nicht einzugehen. Fühl dich nicht schuldig, wenn der Kontrollierer tagelang nicht mit dir spricht. Mach weiter und freu dich deines Lebens. Laß ihn elend sein, wenn er das so will. Früher oder später wird er einsehen, daß Schweigen kein effektives Mittel sein kann, um dich zu kontrollieren.

Oft weigert sich ein Ehemann, mit seiner Frau zu sprechen (oder umgekehrt) wegen etwas, das sie gesagt hat und mit dem er nicht übereinstimmt. Er benutzt diese kindische Waffe, um sie zu bestrafen, statt das Problem wie ein Erwachsener zu besprechen und das Thema zu klären, damit sie in Frieden und Harmonie leben können. Ich persönlich verstehe nicht, wie zwei Menschen mit derartigem Streit zusammen im selben Haus leben können.

Disharmonie verhindert die Bewegung des Geistes Gottes.

Schon eine winzige „Verdrießlichkeit", die in meinem Dienststab aufkommt, wird abgehandelt, um sie schnellstens loszuwerden, weil wir wissen, daß *der Heilige Geist nicht durch ein verstopftes Rohr fließen wird!*

Wenn du betrübt und verletzt bist, kann der Heilige Geist nicht durch dich sprechen oder heilen. Um genau im geistlichen Bereich zu hören, mußt du frei sein von Verletzungen und Gebundenheiten, die im Leben kommen können.

Eine weitere Art, wie ein Kontrollierer versucht, zu beherrschen, sind Worte von Unangemessenheit und Versagen, wie: „Du kannst das nicht tun; du weißt ja nicht, wie. Du wirst versagen, weil du ungebildet bist."

Erinnere den Kontrollierer daran, daß viele Menschen, als Albert Einstein noch ein Kind war, dachten, daß er mental zurückgeblieben wäre, und daß Abraham Lincoln jahrelang nur unter Niederlagen und Zurücksetzungen gelitten hatte, ehe er ein erfolgreicher Staatsmann wurde. Tatsächlich haben viele der erfolgreichsten Menschen nie einen akademischen Grad erworben. Laß dich also nicht durch dein früheres Versagen oder Mangel an formaler Ausbildung davon abhalten, das zu werden, was Gott für dich vorgesehen hat.

Ein Kontrollierer kann sogar Drohungen gegen dich einsetzen, wie: „Wenn du nicht tust, was ich sage, werde ich dich verlassen!"

Laß dich durch solche negativen Bemerkungen nicht einschüchtern. Denk' daran, daß der Größere in dir wohnt und daß du für Gott wichtig bist. Attackiere jene bösen Geister und erinnere sie daran, wer du in Jesus Christus bist.

Such' dir wiederum Schriftstellen, die dich in deinem Kampf unterstützen. Matthäus 4:10 ist eine gute. Der Teufel kam zu Jesus und forderte, daß Er vor ihm niederfallen und ihn anbeten sollte. Jesus antwortete: „Geh hinweg, Satan! Denn es steht geschrieben: Du sollst den Herrn, deinen Gott, anbeten und ihm allein dienen." Mach es wie Jesus und zitiere das Wort Gottes für dich selbst und deinen Gegner.

Kontrolle kommt Götzendienst gleich.

Wenn ein kontrollierter Mensch *nur* in einer Beziehung mit seinem Kontrollierer *sicher sein* kann, steigert sich das zu einer Form von Götzendienst. Weil beide Teile einander als ihre Sicherheit betrachten, werden sie zum gegenseitigen Eigentum. Das ist Götzendienst!

Wie soeben erwähnt, ist Matthäus 4:10 eine von den Schriftstellen, die diese Art Kontrolle unterbindet.

Wenn du unter Kontrollmißbrauch von jemand anderem bist, mußt du dich mit der Situation auseinandersetzen, weil ihr beide, du und der Kontrollierer, sowieso elend seid. Warum nicht die Dinge mit Gott in Ordnung bringen?! Um das zu tun, mußt du lernen, zu beten und die Macht des Kontrollgeistes zu brechen – und aller Geister, die damit einhergehen, wie Furcht, Schuld, Verpflichtung, Verwirrung und Frustration.

Wenn du den Griff der Kontrolle auf deinem Leben brichst, heißt das nicht, daß du nicht eine gewisse *Einsamkeit* erleben wirst. Diese beherrschenden Geister werden aus deinem Leben stürmen, und du bleibst alleingelassen zurück.

Als erstes trifft dich ein Gefühl der *Schuld*, gefolgt von der *Angst,* es allein nicht zu schaffen. Du wirst anfangen dich zu fragen: „Was mache ich jetzt?"

Werde nicht panisch. Und gib nicht auf. Halt' inne und sag': „Teufel, weg mit dir, in Jesu Namen! Ich breche deine Macht über mich. Verschwinde von mir; du bist ein Lügner!" Bleibe dran und gebrauch' deine Autorität, Schuld und Furcht im Namen Jesu zu widerstehen (1.Tim 2:7).

Mach dir klar, daß Kontrolle nicht einfach ein natürliches psychologisches Problem ist; sie ist auch ein *geistliches* Problem. Wie wir zuvor schon feststellten, gehört natürliche Kontrolle zur menschlichen Natur. Wenn aber Kontrolle unnatürlich wird, ist sie dämonisch, und du mußt sie bekämpfen – täglich!

Es hat nichts zu sagen, wenn du dich nicht mehr unter Angst und Schrecken fühlst; du mußt immer noch auf der Hut sein. Wenn du morgens aufstehst, mach' als erstes fest, daß du diesen Kontrollgeistern befiehlst, dich in Ruhe zu lassen. Brich ihre Macht über deinem Leben. Befiehl ihnen in Jesu Namen, von dir zu weichen. Zitiere ihnen Schriftstellen und laß sie dir gehorchen.

Wenn du das nächste Mal den Kontrollierer triffst, mag er darauf anspielen, daß du ihn nicht angesprochen oder um Hilfe gebeten hast. Aber wag' es ja nicht, dich schuldig zu fühlen oder ausgleichen zu wollen. *Du hast gerade deine Freiheit gewonnen, also genieße sie!*

4. Konfrontiere den Kontrollierer

Zuerst fängt es mit dem Bruch von der kontrollierenden Person an. Wenn du dann stark im Geist geworden bist und weißt, daß dein Herz richtig ist, kannst du den letzten Schritt in deine völlige Befreiung von Kontrolle tun: Dem Kontrollierer entgegentreten!

Der Kampf der Konfrontation

Nicht immer muß Konfrontation Kampf sein. Aber wenn man einen Kontrollierer konfrontiert, muß man stark sein, weil Kontrollierer die logischsten Menschen sind, wenn man sich mit ihnen auseinandersetzen muß. Sie sind durch ihre Unsicherheiten verblendet.

Du mußt zu deinem Kontrollierer sagen: „Du hast mich so und so (namentlich nennen) kontrolliert. Ich *liebe* dich, aber diese Dinge werden in meinem Leben nicht mehr funktionieren. Du mußt das ändern, sonst können wir unsere Beziehung nicht fortsetzen."

Wenn du das tust, wird wahrscheinlich Verschiedenes passieren. Sobald du den anderen beschuldigst, dich beherrscht zu haben, wird er vermutlich protestieren: „Ich versuche nicht, dich zu kontrollieren. Ich liebe dich doch. Alles, was ich getan habe, sollte zu deinem Nutzen sein. Willst du mir damit sagen, daß du es nicht einmal schätzt?"

Oder der Kontrollierer versucht, den Spieß umzudrehen und seine Fehler und sein Unrecht zu verstecken und so erscheinen zu lassen, daß alles, was geschehen ist, dein Fehler war.

Wenn du nicht stark bist, wirst du von deinem Standort im *Geist* in den *seelischen* Bereich, der ein emotionaler Bereich ist, rutschen. Der Kontrollierer wird fortfahren: „Du weißt, daß ich dich liebe. Wir müssen das einfach aufarbeiten." Du brichst in Tränen aus und sagst: „Ach, ich weiß." Damit bist du wieder zurück in den Krallen von Kontrolle.

Der Kontrollierer wird alle Sorten starker Gefühle aufweisen: Wut, Eifersucht, Stolz, Furcht und vieles andere. Kein normaler Mensch könnte seine Emotionen so schnell ändern; dies ist ein weiterer Beweis dafür, daß kontrollierende Geister in jemandem am Werk sind. Wenn du wirklich stark im Herrn bist, kannst du beobachten und in Jesu Namen jeden Geist benennen, wenn er sich äußert.

Dies sollst du wissen: Du bist in einem Krieg, nicht im Urlaub. Wenn du schwach bist, solltest du besser ein Team starker Gebetskämpfer anrufen, daß sie dich mit Fürbitte decken, wenn du in den Kampf gehst.

Wenn die Konfrontation vorüber ist, setz' dich nicht hin und grübele nicht über das nach, was passiert ist. Denk' gar nicht mehr daran! Schließ' es aus deinem Sinn aus. Statt daran zu sitzen und es immer wieder aufzuwärmen, steh' auf, geh' im Zimmer umher und bete im Gehen.

Der Preis

Es wird immer solche geben, die nicht willens sind, den Preis zu bezahlen, um mit dem Herrn voranzugehen. Sie wollen lieber auf ihrem eigenen kleinen Gleis bleiben als sich um Veränderung bemühen.

Wenn du aufrichtig begehrst, mit Gott weiterzugehen, dann wirst du wohl einen Preis zahlen müssen: Du magst die schwierige Entscheidung zu treffen haben, dich von Freunden oder anderen engen Verbindungen, die nicht weitergehen wollen und sich deinem Tun widersetzen, zu lösen.

Du wirst sie weiterhin lieben und für sie beten, mit ihnen umgehen und sie sogar besuchen. Jedoch wirst du ihnen mit Liebe und Festigkeit nicht erlauben, dich zu hindern oder herauszureden aus dem, was du tun mußt, um deine Berufung und Gottes Absicht zu erfüllen.

Beuge dich nicht und diene nicht den Unsicherheiten anderer Menschen. Laß nicht Angst deine Bestimmung, deine Mission für Gott auf Erden abwürgen. Sei kühn und stark; wandle in dem Mitleid Gottes, und nimm die Nationen in Seinem Namen ein!

Kapitel 13

Gebet um Freiheit

Vater, wir danken Dir für diese Botschaft über Kontrolle. Wir danken Dir für das Verständnis, das Du uns gibst, und für die Weisheit, genau zu unterscheiden zwischen Hindernissen und Segnungen in unserem Leben. Wir geben Dir dafür die Ehre.

Ich danke Dir, Vater, daß Du sehen möchtest, wie Menschen von der Macht des Kontrollmißbrauchs befreit werden. Ich sende jetzt das Wort Gottes zu ihnen und breche die Macht kontrollierender Geister über sie: Satan, laß die Menschen los, in Jesu Namen!

Ich breche die Macht der Furcht. Ich reiße negative, seelische Worte, die über Menschen gesprochen wurden, nieder; ich rufe, daß ihnen Klarheit und Weisung zukommt, damit sie Gottes Plan erfüllen können.

Ich danke Dir, Herr, daß Du den Menschen Offenbarung über ihre Umstände gibst, so daß sie wissen, was zu tun ist, um frei zu werden.

Vater, ich danke Dir, daß nicht ein einziger Mensch zu denken braucht, wir wären gegen ihn.

Danke, Vater, für die starke Leiterschaft, die Du jetzt durch den Leib Christi in Erscheinung treten läßt. Wir bitten Dich um die Kühnheit, in größerer Kraft und Manifestation Zeugen des Evangeliums zu sein. Die Absicht Gottes wird sich auf Erden erfüllen!

Laß das Wort anfangen, die Wahrheit von dem Unechten zu trennen. Und bring' die Freiheit im Leben der Menschen zutage, so daß ihre Häuser von Deiner Gegenwart, Kraft und Freude des Herrn erfüllt sind.

In Jesu Namen danken wir Dir für diese Dinge und erwarten, sie zu empfangen. Amen!